Réussir à lire

**Accessible reading r(
for exam preparatio**

Michael Buckby and Kate Corney

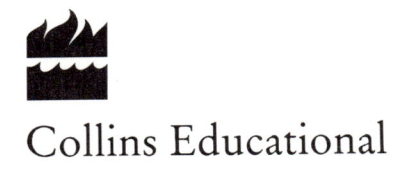

Collins Educational

Published by Collins Educational
An imprint of HarperCollins*Publishers* Ltd
77–85 Fulham Palace Road
London W6 8JB

© HarperCollins*Publishers* Ltd 1998

First published 1998

ISBN 000 320249 6

Michael Buckby and Kate Corney assert the moral right to be identified as the authors of this work.

All rights reserved. No part of this publication my be reproduced, stored in a retrieval system, or transmitted, in any form or means, electronic, mechanical, photocopying, recording or otherwise without the prior consent in writing of the Publisher or a licence permitting restricted copying in the United Kingdom issued by the Copyright Licensing Agency Ltd, 90 Tottenham Court Road, London W1P 9HE.

British Library Cataloguing in Publication Data
A catalogue record for this book is available from the British Library.

Edited by Melanie Norcutt
Design by Bob Vickers
Cover design by Christie Archer
Cover illustration by Maxine Osaki /Sylvie Poggio Illustrators' Agency
Illustrated by Kathy Baxendale, pages 7, 17, 21, 53, 55, 64, 74, 77; Juliet Breese, pages 11, 19, 79; Peter Brown/Maggie Mundy Illustrators' Agency, pages 6, 26, 31, 32, 47, 55, 58, 68, 72; Nick Duffy/Sylvie Poggio Illustrators' Agency, page 9; Jean de Lemos, pages 44, 50; Paul McCaffrey/Sylvie Poggio Illustrators' Agency, pages 16, 17, 30, 31, 46; Jenny Mumford, page 8, 67, 81; Phil Smith/Sylvie Poggio Illustrators' Agency, pages 9, 12, 81; Andrew Warrington, pages 15, 23, 35, 56
Production by Sue Cashin
All photographs by Michael Buckby

Acknowledgements

The author and publishers would like to thank the following for permission to reproduce copyright material:

La Colline de la Défense, page 24; DisneyLand, Paris, page 65; Climat de France, page 82; Éditions Lito, pages 49, 58; Éditions le Livre de Poche, page 50; Educatel, page 68; Hachette Filipacchi Presse, *OK*, pages 70, 71; Hatier Littérature Générale, *En allant à l'école* de Nathalie Simondon, page 12; Hotel Campanile, page 83; Info-Annonces, page 11; J.C. Lattès, *50 trucs faciles pour embellir la terre*, page 86; Le Journal des Enfants, page 56; Larousse-Bordas, *La cuisine* pages 8, 9, *Le vélo, le skate, les rollers* de Patrick Galiano page 52; London Examinations, A division of Edexcel Foundation, pages 21, 61, 88; Mairie de Paris, pages 24, 48; Midland Examining Group, pages 22, 63, 87, 89; Milan Presse, *Les Clés d'Actualité*, pages 19, 54, 66; Northern Examinations and Assessment Board, pages 21, 42, 74, 76, 90; Northern Ireland Council for the Curriculum Examinations and Assessment, pages 62, 73; Office de Tourisme de Calais, page 10; Prima Presse, *Femme Actuelle*, page 72; *Québec français*, page 37; Scottish Qualifications Authority, pages 7, 18, 20, 46, 64, 69, 73, 85; Southern Examining Group, pages 60, 61; Welsh Joint Education Committee, pages 62, 88

It should be noted that where answers are given to exam questions, the authors are responsible for the solutions (not the exam boards) and they may not necessarily constitute the only possible solutions. Every effort has been made to contact the holders of copyright material, but if any have been inadvertently overlooked, the Publishers will be pleased to make the necessary arrangements at the first opportunity.

CONTENTS

(The number of books next to each title denotes the level of difficulty, three books indicating the most difficult texts.)

How to use this book		4
Using your dictionary		5

AREA OF EXPERIENCE A

Title	Topic	
What's on the menu?	Food	6
Recommended restaurants	Restaurants	7
Recipe for success	Food	8
Food for thought	Food	9
What an appetite	Restaurants	9
Eating out	Restaurants	10
Notice Board	Newspapers	11
Puzzle break	Food	11
School life	School	12
Home life	Home life	14
Houses for sale	Home life	15
A day in the life . . .	Daily routine	16
Lunchtime	Food	17
Summer solutions	Health and fitness	18
Healthy advice	Health and fitness	19
Humour test	Food	19
Exam questions		
1	Food	20
2	Food	20
3	Health and fitness	20
4	Food	21
5	School	21
6	Daily routine	22
7	Media	22
8	Food	23

AREA OF EXPERIENCE B

Title	Topic	
Relaxing	Free time/leisure activities	24
Sign language	Free time	25
Free time	Free time	26
Child's play	Free time/leisure activities	27
Penpals	Self and friends	28
Pass it on	Arranging a meeting	30
RSVP!	Arranging an activity	32
Present problems	Special occasions	33
Television trouble	Leisure and entertainment	35
Film review	Leisure and entertainment	36
Book review	Leisure and entertainment	37
Exam questions		
1	Arranging an activity	38
2	Arranging an activity	39
3	Media	40
4	Leisure and entertainment	41
5	Arranging a meeting	41
6	Self and friends	42

AREA OF EXPERIENCE C

Title	Topic	
Photo story	Shopping	43
Jewellery theft	Shopping	44
Humour test	Shopping	45
Are you a fashion victim?	Clothes	46
Shopping	Shopping	47
Travel information	Getting around	47
Visiting Paris	Getting around	48
Transport Trivia	Forms of transport	49
Air	Transport/shopping	50
Lost property	Public services – lost property	50

On the road	Finding the way	51
Highway code	Road signs	51
Learner drivers	Transport	52
Travel	Transport	52
Which way now?	Getting around	53
Shopping	Public services	53
Festivities	Festivals	54
Christmas time	Festivals	55
The local environment	Towns	56
Towns	Towns	58
Exam questions		
1	Shopping	60
2	Shopping	61
3	Travel	61
4	Travel	61
5	Festivals	62
6	Tourist information	62
7	Travel information	63
8	Finding the way	63

AREA OF EXPERIENCE D

Title	Topic	
Advertising	Advertisements	64
Take note	Notices	64
Disneyland Publicity	Publicity	65
Advertising	Advertising	66
Careers advice	Jobs	68
A new job	Jobs	69
Careers	Careers	70
Useful numbers	Communication	72
Exam questions		
1	Jobs	73
2	Jobs	73
3	Communication	74
4	Notices	74
5	Employment	75
6	Further education and training	76
7	Jobs	76

AREA OF EXPERIENCE E

Title	Topic	
Holiday greetings	Holidays	77
A year out	Holidays	78
Tourism	Money	78
Holidays	Holidays	79
Camping	Accommodation	79
Concessions	Money	80
Accommodation problems	Accommodation facilities	81
Hotels	Accommodation	82
Hotel problems	Accommodation	83
Youth Hostels	Youth hostels	84
The environment	Environmental issues	85
The environment at risk	Environmental issues	86
Exam questions		
1	Accommodation	87
2	Holidays	87
3	Holiday activities	88
4	Accommodation	88
5	Accommodation	89
6	Holidays	90

Answers	91
Glossary of instructions	96

HOW TO USE THIS BOOK

- This book is divided into five sections, according to the five Areas of Experience it covers.

- Each section contains a variety of authentic texts with questions covering the topics tested in your exam. The symbols show the difficulty of the text, the most difficult texts are shown by .

- With some texts, there is a "Petit dictionnaire" which translates the less common words in the text.

- You can use a dictionary to look up other words, but try to do this as little as possible. In your exam, you will not have much time to look up words in your dictionary, so you must get used to answering questions without it whenever possible.

- Instead, you can pay particular attention to the **Understanding Words** boxes which accompany many of the texts. These give you tips on how to understand words without using a dictionary. You can often use your existing knowledge of the subject to understand the French, and therefore each text has also been given an English subtitle to point you in the right direction.

- Some texts are accompanied by exam tips which offer practical advice on how to cope in your exam.

- At the end of each section, there are some real exam questions so that you can see how you are getting on.

- The answers to all questions are at the end of the book.

Advice on how to cope in your reading exam

1 Read the questions before you read the text.

2 Deal with each question in turn. Read question 1. Look for the answer in the text. Write the answer. Do the same for question 2 and so on. Remember that the questions usually appear in the same order as the information in the text.

3 If the question is in English, answer in English.

4 If the question is in French, answer in French. Make your answer as simple as possible. You do not have to write full sentences for your answers.

5 Don't worry too much about spelling: as long as the examiner can understand the words you will score top marks.

6 If there is a number in brackets after the question, this refers to the number of marks for the question. So, if there is a (2), you must give two details in your answer to gain your two marks.

USING YOUR DICTIONARY

EXAM TIP

Dictionaries can be very helpful in your exam. But you will not have a lot of time to look up words. It is also easy to choose the wrong translation. Use these activities to practise getting it right.

---

blaguer VERB (*informal*)
to joke
le blaireau NOUN
(PL les blaireaux)
shaving brush
blâmer VERB
to blame
blanc ADJECTIVE
(FEM SING **blanche**)
see also **blanc** NOUN
[1] *white* ◦ *un chemisier blanc* a white blouse
[2] *blank* ◦ *une page blanche* a blank page
le blanc NOUN
see also **blanc** ADJECTIVE
[1] *white* ◦ *Colette est habillée tout en blanc.* Colette is dressed all in white.
[2] *white wine* ◦ *un verre de blanc* a glass of white wine
• *un blanc d'œuf* an egg white
• *un blanc de poulet* a chicken breast
le Blanc NOUN
white man
la Blanche NOUN
white woman
blanche ADJECTIVE *see* **blanc**
la blanchisserie NOUN
laundry
le blé NOUN
wheat
blessé ADJECTIVE
see also **blessé** NOUN
injured
le blessé NOUN
see also **blessé** ADJECTIVE
injured person ◦ *L'accident a fait trois blessés.* Three people were injured in the accident.
la blessée NOUN
injured person
blesser VERB
[1] *to injure* ◦ *Il a été blessé dans un accident de voiture.* He was injured in a car accident.
[2] *to hurt* ◦ *Il a fait exprès de le blesser.* He hurt him on purpose.
• *se blesser* to hurt oneself ◦ *Je me suis blessé au pied.* I've hurt my foot.
la blessure NOUN
injury
bleu ADJECTIVE
see also **bleu** NOUN
[1] *blue* ◦ *une veste bleue* a blue jacket
• *bleu marine* navy blue
[2] *very rare* (*steak*)
le bleu NOUN
see also **bleu** ADJECTIVE
[1] *blue* ◦ *Le bleu est ma couleur préférée.* Blue is my favourite colour.
[2] *bruise* ◦ *Il a un bleu au front.* He's got a bruise on his forehead.
le bleuet NOUN
cornflower
le bloc NOUN
pad ◦ *un bloc de papier à lettres* a pad of writing paper
• *le bloc opératoire* the operating theatre
le bloc-notes NOUN
(PL les blocs-notes)
note pad
blond ADJECTIVE
blond
• *blond cendré* ash blond ◦ *Andrew a les cheveux blond cendré.* Andrew has ash blond hair.
bloquer VERB
to block ◦ *bloquer le passage* to block the way
• *être bloqué dans un embouteillage* to be stuck in a traffic jam
se blottir VERB
to huddle ◦ *Ils étaient blottis l'un contre l'autre.* They were huddled together.
la blouse NOUN
overall
le blouson NOUN
jacket ◦ *un blouson en cuir* a leather jacket
la bobine NOUN
reel ◦ *une bobine de fil* a reel of thread
le bocal NOUN
(PL les bocaux)
jar
le bœuf NOUN
[1] *ox*
[2] *beef* ◦ *un rôti de bœuf* a joint of beef
bof EXCLAMATION (*informal*)
• *Le film t'a plu? – Bof! C'était pas terrible!* Did you like the film? – Well...it wasn't that great!
• *Comment ça va? – Bof! Pas terrible.* How is it going? – Oh...not too well actually.
le bohémien NOUN
gipsy
la bohémienne NOUN
gipsy
boire VERB
to drink
• *boire un coup* (*informal*) to have a drink
le bois NOUN
wood
• *en bois* wooden ◦ *une table en bois* a

---

1 Use the dictionary to find the English equivalent of each of the underlined words.
  a) Cet après-midi, un <u>Blanc</u> est arrivé dans le village indien.
  b) L'homme portait une blouse <u>blanche</u>.
  c) Il était <u>blessé</u>.
  d) Il avait un <u>bleu</u> bizarre au pied.
  e) Le médecin avait beaucoup de <u>bocaux</u> pleins de médicaments.

2 Using the dictionary, copy and complete these sentences.
  a) Son blouson était blanc et sa blouse aussi était ....
  b) J'aime le bleu: je porte toujours une veste ....
  c) – Je cherche un blaireau.
     – Oui, monsieur, nous avons beaucoup de ....
  d) – Vous avez un bocal bleu?
     – Voici nos ...., madame.

3 Choose the correct English equivalent for these French words.
  a) une blouse: a blouse; an overall; a jacket
  b) bof: ox; beef; well
  c) être bloqué: to block; to be stuck; to be in an operating theatre
  d) un steak bleu: a blue steak; a very rare steak; a well-done steak
  e) blaguer: a joke; a trick; to joke

Using your dictionary

SECTION A

What's on the menu?

1 You see this menu for 64,50 Francs. What is included in the price?

HIPPO MALIN
Le Plat
+
La Boisson
64,50 F

2 Ça coûte combien? Lisez le menu et regardez les dessins ci-dessous. Écrivez le bon prix pour chaque dessin.

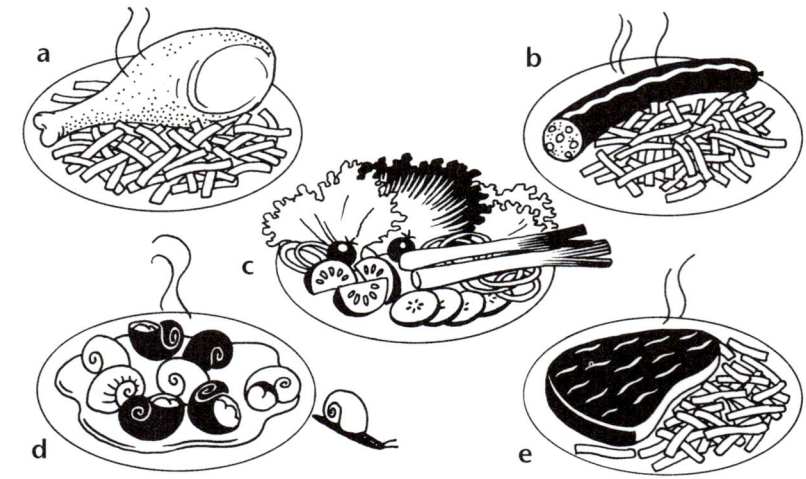

LE MADRIGAL
Piano – Bar

Gratinée à l'oignon	48 Frs.
Salade du Chef	53 Frs.
Moules Frites	58 Frs.
Steak Frites	65 Frs.
Saucisses Frites	40 Frs.
Spaghettis Bolognaise	68 Frs.
Poulet Frites	75 Frs.
Pavé au Poivre	85 Frs.
Escargots de Bourgogne (la douz.)	98 Frs.

3 Regardez ce menu et répondez aux questions.

CRÊPES SALÉES

1 / OEUF	15F
2 / JAMBON	15F
3 / FROMAGE	15F
4 / JAMBON / FROMAGE	17F
5 / OEUF / FROMAGE	17F
6 / OEUF / FROMAGE / JAMBON	19F
7 / SAUMON FUME / FROMAGE	20F
8 / THON / FROMAGE	17F
9 / POULET / FROMAGE	17F

a Jean mange ni viande ni poisson. Il peut choisir quelles crêpes? (3)
b Anne aime le poisson. Elle peut choisir quelles crêpes? (2)
c Élodie aime la viande. Elle peut choisir quelles crêpes? (4)

EXAM TIP

In this task, there are numbers after each question as there would be in your exam. Remember that these show the number of marks for that question. You know therefore that you must write three types of pancake for **a**.

Recommended restaurants

Unique dans notre région !!!

La Crêperie panoramique du Château d'Eau

Crêperie
Glaces

POUR Y MONTER, UN ASCENSEUR.

OUVERT

en saison: fin mars à fin septembre, de 10 H à 23H (service des repas de 12 H 00 à 22 H 30) sans interruption.

A Lisez ce texte et répondez aux questions ci-dessous.

1 Complétez les phrases.
  a Les spécialités de ce restaurant sont les .... et les ....
  b Pour arriver au restaurant, il faut prendre un ....

2 Écrivez la bonne lettre.
On peut manger ici entre:

a 11h et 12h **b** 12h et 8h **c** 11h et 1h

B You see this sign outside a restaurant. What time does it close?

ouvert jusqu'à minuit

Recipe for success

RECETTE SUCRÉE
Des tartes-à-tout

Le panier de fruits est plein à craquer? C'est le moment de faire une bonne tarte. Tous les fruits sont bons sur une tarte, mais certains demandent une préparation particulière. Les plus faciles à utiliser sont les pommes, les abricots, les fraises, les framboises et les myrtilles. Les uns doivent cuire avec la pâte, les autres se disposent crus sur la pâte déjà cuite. Prépare d'abord une bonne pâte sablée.

1 Pour la pâte: 250 g de farine, 125 g de beurre, 1 jaune d'oeuf, 70 g de sucre en poudre et un peu d'eau tiède.

2 Dans un saladier, verse la farine, puis le sucre et creuse un trou au milieu pour mettre le beurre ramolli en morceaux et le jaune d'oeuf.

3 Lave-toi les mains. Malaxe la pâte jusqu'à ce qu'elle forme une boule lisse. Ajoute un peu d'eau s'il le faut pour la ramollir.

4 Laisse reposer la pâte une heure. Puis, avec un rouleau, étale-la sur une planche en bois recouverte d'une fine couche de farine.

5 Pose la pâte dans le moule. Plaque-la sur le fond et les bords. Retire ce qui dépasse. Fais des trous dans le fond avec une fourchette.

6 Si tu as des pommes, épluche-les et coupe-les en lamelles. Des abricots, coupe-les en deux. Répartis-les dans le fond. Recouvre de sucre.

7 Mets ta tarte 30 minutes dans le four à 200°C. Attention: ne dispose les fruits rouges et le sucre que lorsque la pâte est cuite.

UNDERSTANDING WORDS

poudre; sucre

Often when a French word ends with **re**, the English equivalent ends with **er** or **ar**, e.g., poud**re** = powder, suc**re** = sugar

Knowing this, you can easily work out what these words mean: **ministre; ordre; lettre; octobre; décembre**.

Su tu as des pommes, épluche-les et coupe-les en lamelles.

Very often, when you meet a new French word, you don't need to waste time looking it up in a dictionary. You can use the words around it to work out the meaning. In this sentence, **épluche** is what you do to an apple before you cut it into pieces. So, is **épluche** likely to mean: a) eat? b) cook? c) peel?

With a word like **lamelles**, you can use the other words in the sentence and the relevant picture to work out whether it means: a) thin slices; b) halves; c) holes.

1 Lisez la recette et regardez les dessins. Quel dessin va avec quelle partie de la recette?

Exemple **Vous commencez par 1d.**

2 Imaginez que vous allez faire cette tarte. Qu'est-ce que vous allez acheter?

Faites votre liste de courses.

Exemple farine

Food for thought

Read this article. What two things does it say which might surprise you?

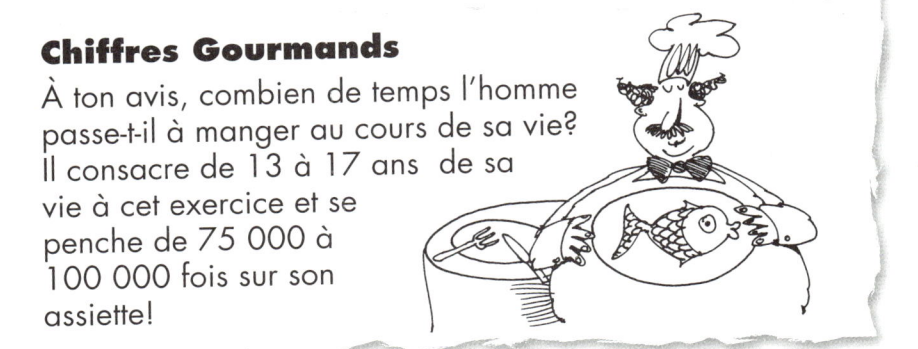

Chiffres Gourmands

À ton avis, combien de temps l'homme passe-t-il à manger au cours de sa vie? Il consacre de 13 à 17 ans de sa vie à cet exercice et se penche de 75 000 à 100 000 fois sur son assiette!

What an appetite

Coups de Trompe

Quand les visiteurs affluent au zoo, un éléphant reçoit et engloutit en moyenne cent kilos de friandises en une journée. Le bilan a été fait par les gardiens du zoo d'Anvers qui ont noté scrupuleusement tout ce que les visiteurs offraient à l'éléphant Aïda, un pachyderme particulièrement glouton. Leur liste comprend: mille sept cent six poignées de cacahuètes, cent quatre-vingt-dix-huit sandwiches variés, huit cent quatre-vingt-onze tranches de pain sec, cinq cent seize bonbons à la menthe, huit cent quatorze bonbons acidulés, sept cent onze gâteaux secs, deux glaces, dix-sept pommes, cent quatre-vingt-dix-huit tranches d'orange, un gant de cuir, deux petites branches d'arbre et une ceinture.

Lisez cet article et regardez les dessins.
Pour chaque dessin, écrivez la quantité que l'éléphant a mangée.

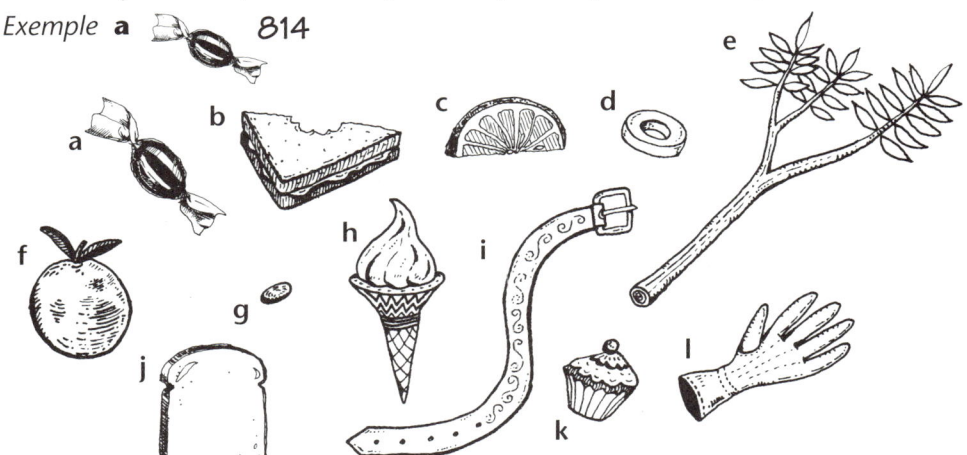

Exemple a 814

Eating out

Les restaurants de Calais

AQUAR'AILE — Calais 62100, Tél. 21.34.00.00
Recommandé par les meilleurs guides : restaurant panoramique avec vue imprenable sur la mer, le port et les Côtes Anglaises. Spécialités de fruits de mer, de poissons et de viandes.

Plage de Calais
Fernand LEROY

Gastronomique	Tarifs appliqués : 98 à 230 F
	200 couverts

LE GEORGE — Calais 62100, Tél. 21.97.68.00
Deux restaurants l'un gastronomique 3 étoiles, l'autre qui nous régale aussi avec son menu à 69 F et avec sa carte affaire. Situé en centre ville.

36, rue Royale
B. BEAUVALOT

Gastronomique	Tarifs appliqués : 110 à 250 F
	100 couverts + 2 salons

L'EGUADE — Blériot-Plage 62231, Tél. 21.96.00.17
Charmant et convivial L'Eguade vous séduira par la finesse de sa cuisine de grande tradition et par un excellent rapport qualité/prix..

10, route Nationale
Thierry et Véronique HENON

Traditionnel	Tarifs appliqués : 75 à 185 F
	30 couverts

TERMINAL TRANSMANCHE — Calais 62100, Tél. 21.96.46.20
Self service. Restaurant-bar-cafeteria. Cadre agréable et vue panoramique sur le port. Idéal pour groupes de passage à Calais.

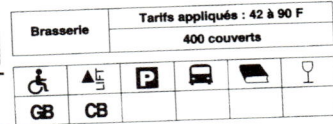

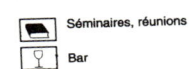

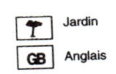

M. BOUTHINON

Brasserie	Tarifs appliqués : 42 à 90 F
	400 couverts

Légende des symboles :
- Restaurant
- Hôtel
- Séminaires, réunions
- Bar
- Handicapés
- Télévision
- Chiens acceptés
- Terrasse
- C+ Canal+
- Téléphone
- Jardin
- GB Anglais
- Mini-Bar
- Ascenseur
- D Allemand
- NL Néerlandais
- P Parking Public
- P Parking Privé
- CB Cartes Bancaires
- Garage
- Autocars

A Lisez ces informations sur quatre restaurants à Calais et répondez aux questions.

Exemple Vous allez en France en voiture. Vous voulez garer votre voiture dans le parking du restaurant. Vous allez choisir quel restaurant? **Le George**

1. Votre ami qui a un chien veut dîner avec vous. Vous pouvez choisir quels restaurants?
2. Vous voulez voir la mer en mangeant. Vous pouvez choisir quels restaurants?
3. Vous voulez manger du poisson. Vous allez choisir quel restaurant?
4. Vous n'avez pas beaucoup d'argent. Vous allez choisir quel restaurant? Écrivez pourquoi.
5. Vous n'avez pas beaucoup de temps. Vous allez choisir quel restaurant?

Notice board

Lisez ce sommaire et les annonces ci-dessous. Quelle annonce va avec quel titre du sommaire? Écrivez la lettre de l'annonce et le numéro du bon titre.

SOMMAIRE

1 Cours et leçons
2 Demandes d'emploi
3 Garde d'enfants
4 Immobilier
5 Offres d'emploi
6 Sports
7 Vêtements

a. ■ **BOULANGERIE** recherche 1 boulanger, niveau CAP, 1 pâtissier niveau CAP. Libre de suite. Tél. pour RDV au 50.52.18.03

b. ■ **ÉTUDIANT** cherche emploi saison. Étudie toute proposition sérieuse. Tél. 50.52.04.18

c. ■ **PROFESSEUR** de mathématiques donne cours partic. 6ème à 1ère (vacances): 80F/h. Mr. Monnet 50.66.37.40

d. ■ **BABY SITTING**, JF au pair, postes disponibles pour garder ou faire garder. 3615 BABY (OFT 3,48 F/mn).

e. ■ **VDS** planche à voile Mistral Taola + nombreux accessoires, valeur 15 000F état neuf. Vendu 4 000F. Tél. 74.77.26.55 HB - 74.81.16.19 Dom.

f. ■ **PANTALONS, VESTES,** robes, blousons, chemises 42/44 Tél. 90.65.50.50

g. ■ **COURTINE** maison, 4 ch., séjour, piscine, 6.000m² parc, px 1.100.00. Tél. 90.85.86.24.

Puzzle break

RECOPIEZ DANS CETTE GRILLE TOUTES LES LETTRES DE L'ALPHABET S'Y TROUVANT PLUS D'UNE FOIS. VOUS TROUVEREZ LE NOM DE QUELQUE CHOSE À MANGER!

M	R	I	S	T	Q	F	R
T	F	E	D	F	T	S	I
R	E	R	S	X	A	E	P
Z	T	N	O	G	C	I	H
S	B	V	R	Y	F	L	J
T	K	E	U	W	S	E	T

A 11

School life

EXAM TIP

This text may seem quite difficult at first, but if you use your common sense you should be able to work out a lot of what it means. Remember, you already know something about school and you can therefore use this knowledge to help you to answer the questions.

Lisez ce texte au sujet de l'école et répondez aux questions.

EN ALLANT À L'ÉCOLE

CHEZ LES GRECS

Chez les Grecs de l'Antiquité, l'école commençait à sept ans, pour ceux qui avaient le privilège d'étudier.

Chaque (écolier) était accompagné à l'école par un (esclave) qu'on appelait le pédagogue (en grec: celui qui conduit l'enfant): c'est lui qui portait les affaires d'école et la lanterne pour éclairer la route. Il avait un rôle très important: il apprenait à l'enfant qu'il accompagnait les bonnes manières, beaucoup de choses sur la vie et il le protégeait des dangers de la rue.

Écrire sur la cire

Pour écrire, pas de table: chacun avait sur les genoux une tablette recouverte de cire un peu molle sur laquelle on traçait des lettres avec un poinçon de bois: un côté pointu pour écrire, un côté en spatule pour effacer. Pas de livres encore mais, pour le maître, un très grand rouleau de papyrus tendu sur deux petits supports de bois: il pouvait mesurer jusqu'à trois mètres de long!

CHEZ LES ROMAINS

Chez les Romains, les écoliers arrivaient à l'école très tôt, accompagnés par un esclave.

La salle de classe était une sorte de boutique en plein air qui donnait sur la place (publique), on la fermait juste par un rideau! La classe avait lieu le matin: on y apprenait deux langues en même temps, le grec et le latin.

À LA RÉVOLUTION

Avec la Révolution, on comprend que, pour le progrès de la société, tous les enfants doivent recevoir un enseignement.

Des classes de 300 élèves! En 1820, les classes sont très chargées, environ trois cents enfants, il y a un seul (maître,) mais plusieurs moniteurs qui sont choisis parmi les élèves. On y apprend la lecture, l'écriture, l'arithmétique, le dessin et... l'ordre!

Ceux qui commencent à écrire ont devant eux une table recouverte d'une épaisse couche de sable sur laquelle ils tracent des lettres. Ils effacent avec la main.

Petit dictionnaire

apprendre verb
to learn

le bois noun
wood

la cire noun
wax

éclairer verb
to light up

effacer verb
to rub out

épais adjective
(*fem sing* épaisse)
thick

le genou noun
knee

mou adjective
(*fem sing* molle)
soft

en plein air
in the open air

protéger verb
to protect

le rideau noun
curtain

le sable noun
sand

tôt adverb
early

UNDERSTANDING WORDS

(écolier) (esclave)

When a French word begins with **é** or **es**, try replacing these letters with **s** and you often find that you have the English equivalent, e.g.,
espace = space
éponge = sponge
esclave = slave
écolier = scholar, school boy
école = school
étudier = to study

(publique)

Words which end with **que** in French, often end with **–c**, **–ck**, **–k** or **–cal** in English, e.g.,
automatique = automatic
publique = public
attaque = attack
physique = physical
risque = risk

(un maître)

If you are trying to work out the meaning of a French word with ^ in it, try adding an **s** after the letter with ^ over it, e.g.,
un hôpital = hospital
un mât = mast
la côte = coast
un maître = master

A Recopiez et complétez les phrases ci-dessous.

Chez les Grecs

1 Les enfants avaient .... ans quand ils allaient à l'école pour la première fois.
2 Un .... accompagnait l'enfant quand il allait à l'école.
3 Il portait une .... pour aider l'enfant à trouver le bon chemin.
4 Le pédagogue était très ....
5 L'enfant écrivait sur une ....
6 Il n'y avait pas de ....

Chez les Romains

1 La salle de classe était en ....
2 Il y avait des classes seulement ....
3 Les enfants devaient apprendre à parler le .... et le ....

À la Révolution

1 Il y avait à peu près .... enfants dans une classe.
2 Les enfants apprenaient à lire et à ....
3 Ils avaient aussi des cours de dessin et de ....
4 Ils apprenaient à écrire sur une table sur laquelle il y avait du ....

> Voici les mots que vous pouvez utiliser pour compléter les phrases:
>
> important
> écrire
> grec
> lanterne
> esclave
> livres
> latin
> le matin
> maths
> sable
> plein air
> sept
> tablette
> trois cents

B Copy and complete this translation of the section *À la Révolution*.

DURING THE REVOLUTION

In 1820, the classes are very ...., with about .... children, there is only one ...., but several monitors who are chosen from amongst the pupils. They are taught ...., ..., arithmetic, ... and discipline. Those who are starting to write work at a table covered in a thick layer of .... on which they .... letters. They rub them out with their ....

C Now copy and correct this translation of *Chez les Grecs*.

THE GREEKS

In Ancient Greece, children started school when they were five, but only privileged children went to school.

Each scholar went to school with a friend who was called a pedagog (in Greek: someone who leads a child): it was he who carried the child's clothes and a torch to light up the road. He had a very important rôle: he taught the child whom he accompanied how to speak Latin, lots of things about life and he protected him from wild animals.

Home life

Lisez ce texte et répondez aux questions.

● Les Français et la vie en banlieue

À partir de deux sondages réalisés entre le 21 et 30 août 1997;
- le premier, auprès de 364 personnes représentatives de la population intramuros des 26 agglomérations de plus de 200 000 habitants.
- le second, auprès de 435 personnes représentatives des banlieues de ces mêmes villes.

Quels sont les avantages de la vie en banlieue?

Le calme	59%
On peut avoir un jardin	48
La proximité de la campagne	34
Il y a moins de pollution, l'air est meilleur	32
On peut avoir un logement plus vaste	20
Le prix moins élevé des logements	18
Les gens se connaissent mieux	17
La possibilité de faire plus de sport	10
Aucun avantage	6

Quels sont les inconvénients de la vie en banlieue?

Temps et argent perdus en transport	44%
Éloignement des commerces, des équipements et des services	32
Manque de distractions, de spectacles	28
Difficulté de trouver un travail sur place	27
Problèmes de violence et d'insécurité	15
L'isolement: on reçoit plus rarement des visites	14
Les gens se connaissent moins	9
La laideur, la tristesse	7
Aucun inconvénient	16

UNDERSTANDING WORDS

la proximité

When a French word ends with **é** (or **ée**) try replacing the **é** or the **ée** with **y** . . . and you will often find the English word, e.g. **beauté, liberté, proximité, armée, entrée, possibilité, difficulté, insécurité.**

Petit dictionnaire

la banlieue noun
suburbs

élevé adjective
high

l'éloignement masc noun
distance

la laideur noun
ugliness

le logement noun
housing, accommodation

le manque de noun
lack of

meilleur adjective
better

moins adverb
less

recevoir verb
to receive

la tristesse noun
sadness

A Recopiez et complétez les phrases.

1 Cinquante-neuf pour cent aiment habiter en banlieue parce que la vie est ....
2 Trente-deux pour cent aiment habiter en banlieue parce qu'il y a ....
3 Quarante-quatre pour cent n'aiment pas habiter en banlieue parce qu'ils perdent du temps et de l'argent en ....
4 Quinze pour cent n'aiment pas habiter en banlieue à cause des ....

B Recopiez et complétez les phrases ci-dessous avec un pourcentage.

Exemple .... % aiment le calme de la banlieue.
59 % aiment le calme de la banlieue.

1 .... % aiment la vie tranquille de la banlieue.
2 .... % aiment aller à la campagne.
3 .... % aiment habiter en banlieue parce que les appartements sont moins chers.
4 .... % n'aiment pas habiter en banlieue parce qu'ils n'aiment pas faire le voyage pour aller au travail.
5 .... % n'aiment pas habiter en banlieue parce qu'ils voudraient habiter près des grands magasins du centre-ville.
6 .... % n'aiment pas habiter en banlieue parce qu'il faut aller dans le centre-ville pour trouver le travail.
7 .... % n'aiment pas habiter en banlieue parce que les amis ne viennent pas les voir.
8 .... % trouvent que la banlieue n'est pas jolie.

EXAM TIP

The first task tests numbers. Numbers will always be tested somewhere in your exam. Make sure you learn to recognise and understand them.

Houses for sale

You are on work placement with an estate agent in France. The owner asks you to prepare publicity material for English-speaking clients. Read this advert and copy and complete the publicity material below.

• **AXE ANNECY**, **AIX les BAINS**, superbe ferme individuelle entièrement renovée, 300 m² hab., cuisine équipée, 4 chambres, 2 sdb, salle de jeux 100m², garage double, belles prestations, terrain 2000m² clos arboré. **1.680.000F.** LE TUC IMMOBILIER 50.68.97.67

This lovely house between **ANNECY** and **AIX les BAINS** was formerly a .... It has now been completely .... It has a fully equipped ...., 4 ...., 2 .... and a .... which is 100 m². It also has a ....
It is on a plot of land of 2000 m² which benefits from the privacy of ....

A 15

A day in the life...

La journée de Pascal Molineux

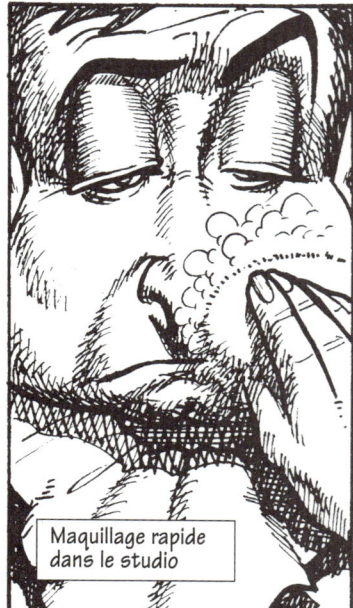

3:30 — Pascal Molineux se réveille. Il prépare un café, puis retourne se coucher pour écouter les informations à la radio à 4 heures.

4:50 — Pascal monte dans sa voiture, et se dirige vers les studios de la station M6. À cette heure, la circulation est facile, et il arrive 10 minutes plus tard.

5:10 — Après un petit déjeuner rapide, Pascal commence à préparer son programme.

Maquillage rapide dans le studio

Et voilà Pascal devant les caméras pour le premier bulletin de la journée.

Son dernier programme est à midi. À midi et demi, Pascal Molineux quitte les studios.
Il prend le déjeuner, puis il a un ou deux rendez-vous.

Si possible, il rentre à la maison, pour dormir de 16 heures à 19 heures 30. Le soir, Pascal trouve le temps de s'occuper d'Antoine, son fils de trois ans. Il dîne vers 21 heures, mais ne se couche jamais avant minuit.

UNDERSTANDING WORDS

rapide

Some French words end with **e** when the English equivalents have no **e**, e.g., **une branche**; **liquide**; **un signe**; **rapide**; **je quitte**; **une grille**; **une liste**; **un symbole**.

16 A

A Lisez cet article et les phrases ci-dessous. Pour chaque phrase, écrivez:
  a) vrai   b) faux   c) on ne sait pas

  1 Pascal Molineux écoute la radio au lit.
  2 Il prend le train pour aller au travail.
  3 Il arrive aux studios avec deux minutes de retard.
  4 Il lit les informations avec une amie.

B Pour chaque dessin, recopiez une phrase de l'article.

Exemple: 12:00 ....

Vous écrivez: **Son dernier programme est à midi.**

1 9:00   2 4:00   7:30   3 12:30

C Que fait Pascal le soir? Écrivez la lettre des bons dessins.

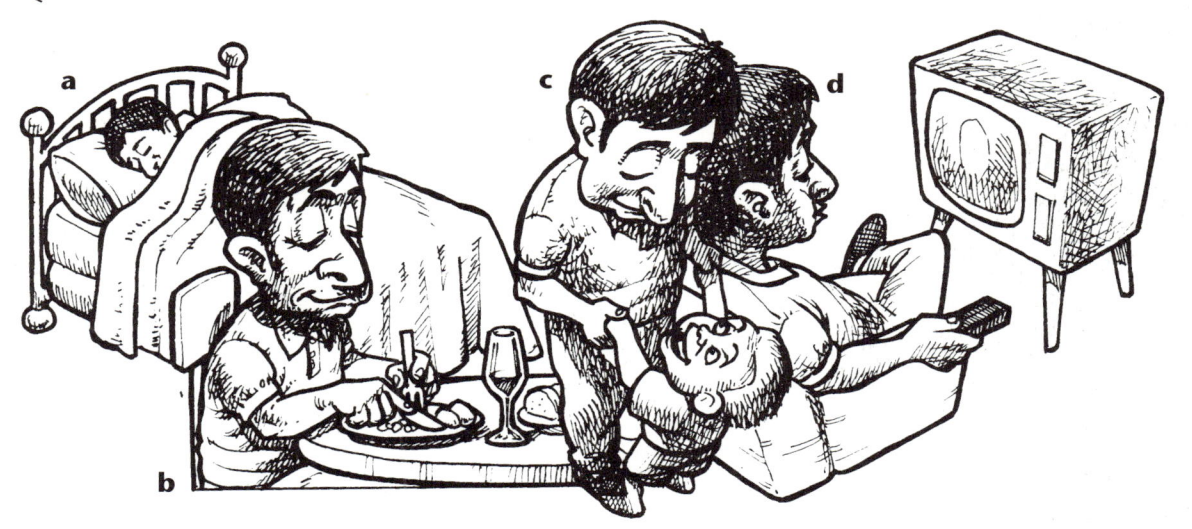

Lunchtime

Pascal has a busy daily routine. How could this restaurant help him to save time?

LA GOULETTE
-PLATS A EMPORTER

Summer solutions

Read these two articles about coping with hot weather.

L'ÉTÉ, VOTRE CORPS A BESOIN D'EAU

L'été, il est recommandé de boire plus de deux litres d'eau par jour!

* Buvez fréquemment.
* Buvez un verre d'eau le matin, à votre réveil.
* Buvez avant d'aller au lit.
* Buvez beaucoup d'eau après le sport.

A Note down four pieces of advice given.

. . . et n'oubliez pas votre chien!

En voiture, les chiens détestent la chaleur. Il faut qu'ils boivent toutes les demi-heures.

Quand il fait du soleil, évitez les heures les plus chaudes, c'est-à-dire entre midi et deux heures.

Surtout, ne laissez jamais votre chien dans la voiture.

B Copy and complete these sentences in English.
1) When travelling by car, dogs should. . .
2) If it's sunny, you should avoid. . .
3) Never leave. . .

Healthy advice

Cet article donne des conseils aux parents d'élèves. Quels sont ses conseils?

ATTENTION RENTRÉE

En collaboration avec le Dr. Saint-Dizier, de l'hôpital Joseph-Ducuing à Toulouse.

Finies les grasses matinées! Bonjour les réveils laborieux à 6 ou 7 heures du matin et les coups de pompe dans la journée. *"Dès la première heure de classe, des élèves me réclament de la vitamine C car ils tombent de fatigue"*, constate Dominique Gombert, infirmière au lycée professionnel Charles-de-Gaulle à Muret. Pour être en forme, un jeune de 15–16 ans doit en effet dormir huit à neuf heures tous les jours (le sommeil ne se rattrape pas, c'est prouvé).

"Pendant que nous rêvons, notre corps se régénère et évacue des tensions nerveuses et psychiques", explique le Dr Saint-Dizier. Mais se coucher tôt quand on a veillé tout l'été n'est pas chose évidente. *"La télé et le walkman sont trop excitants. Mieux vaut un bon bouquin au lit."*

Autres précautions: avaler chaque matin un petit déjeuner consistant (boissons, céréales, laitages...) et ne pas abuser du fast-food en face de l'école, le midi. De même, Dominique Gombert a relevé une consommation anormalement élevée de médicaments chez les élèves. *"Mais là, c'est plutôt aux parents de chercher à comprendre pourquoi..."*

UNDERSTANDING WORDS

nerveux, nerveuse

French words which end with **–eux** or **–euse** often end with **–ous** in English, e.g.,
précieux = precious
religieux = religious
nerveuse = nervous
dangereux = dangerous

Lisez l'article et regardez les dessins. Faites deux listes avec les lettres des dessins:

Liste A Ce qu'il faut faire pour être en forme

Liste B Ce qu'il ne faut pas faire pour être en forme

Exemple
Liste B
d

Humour test

Avez-vous le sens d'humour? Que dit l'homme? Recopiez la bonne phrase.

a Il fait beau temps, hein?
b Moi, ça va bien mieux depuis que je prends de l'exercice. Et toi?
c Moi, j'ai très faim.
d Tu veux aller en ville?

SECTION A Now test yourself!

TIPS FOR EXAM SUCCESS

Remember with each item:

1 If the questions are in English answer in English. If they are in French answer in French.

2 Remember to look at the number after each question to see how many marks are allocated to the question. Make sure you answer in enough detail to gain all these marks.

3 When you have to answer questions in French, make sure your answers are as short as possible. You do not always need to answer in full sentences.

4 Finally, remember to read each question in turn and then scan the text to find the answer. You do not need to read the text first.

1

You are on holiday in France and want something to eat. What three sorts of sandwich can you get here? **(3)**

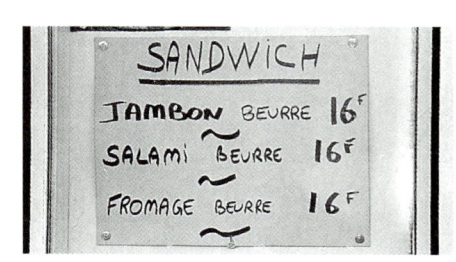

SANDWICH
JAMBON BEURRE 16^F
SALAMI BEURRE 16^F
FROMAGE BEURRE 16^F

2

You then go shopping and see this notice. In English write four things which you could buy here. **(4)**

Arrivage d'un lot
Champignons, biscuits, pommes, abricots, chocolats, fromages

3

You are going to the swimming pool with your French friend. You buy some sun tan lotion. There is a warning on the bottle.

Attention!
Le soleil est un ami mais aussi un ennemi.
* Ne pas vous exposer trop longtemps au soleil!
* Protéger la peau!
* Protéger les yeux!
* Protéger la tête!

Mention any **three** pieces of advice given. **(3)**

Scottish Certificate of Education, French Standard Grade, Reading, Foundation Level

4

Qu'est-ce qu'on peut acheter ici? Choisissez les 3 bonnes lettres et écrivez-les. (3)

- **a** un café
- **b** un Orangina
- **c** un chocolat chaud
- **d** un Coca-Cola
- **e** un jus de pomme
- **f** un thé

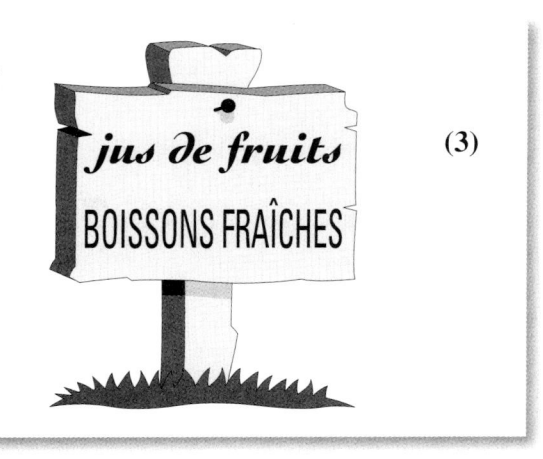

jus de fruits
BOISSONS FRAÎCHES

London Examinations (ULEAC) Reading and Responding, Foundation Tier

5

Lisez la lettre.

> Mardi, mon premier cours, à 8H30, c'est français. A 9H30 j'ai une heure d'anglais. A 10H30 il y a Sciences et à 11H30 j'ai une heure de Maths. L'après-midi à 2H j'ai encore une heure de Maths, et à 3H j'ai deux heures de dessin – ma matière préférée.

Recopiez et complétez cet emploi du temps pour mardi. (7)

	LUNDI	MARDI
8H30	MATHS	
9H30	FRANÇAIS	
10H30	ANGLAIS	
11H30	HISTOIRE – GÉO	
	DÉJEUNER	
2H00	SCIENCES	
3H00	EPS	
4H00	EPS	

Northern Examinations and Assessment Board, Reading, Foundation Tier

6

Lisez cet article.

> Six heures. Mon réveil sonne. Mon père tape à la porte. Zut, je suis en retard, il faut courir. 6h 45, le bus arrive. Comme d'habitude, il est plein. 1 heure plus tard, après 2 changements, j'arrive au lycée. Il est 7h 48.
>
> Nous sommes 43 élèves pour le cours d'anglais. Toute la journée, ça va être comme ça! La course, les horaires fous. . . 18h. Je suis fatiguée, crevée. 19h, je me remets au travail: il y a beaucoup de devoirs pour demain. C'est une vie folle, non? Les programmes sont trop lourds et le travail n'est jamais fini.
>
> Je n'ai que le mercredi après-midi pour faire un peu de sport. J'adore la danse, mais une heure par semaine, ce n'est pas assez. Je devrais et j'aimerais pratiquer tous les jours. Ça me ferait tellement de bien; je suis si détendue après le sport, mais trouver une heure par jour dans mon emploi du temps, c'est impossible.
>
> J'en ai assez. Si vous êtes comme moi, écrivez-moi. Vos lettres me feront plaisir.
> Merci d'avance.
> Charlotte

Répondez aux questions en français.
a À quelle heure est-ce que Charlotte doit se lever? [1]
b Comment est-ce qu'elle va à l'école chaque matin? [1]
c Combien de temps met-elle pour arriver à l'école? [1]
d Qu'est-ce qu'elle doit faire après 19h? [1]
e Quand est-ce qu'elle fait un peu de sport? [1]
f Pourquoi est-ce qu'elle veut faire plus de sport? [1]
Total marks [6]

Midland Examining Group, Reading, Foundation Tier

7

Vous voulez voir ce film. Qu'est-ce qu'il faut faire avant d'attendre ici? (1)

> AMOUR ..CONFUSIONS
> SPECTATEURS MUNIS
> DE BILLETS

Cuisine!
Sommaire de juin

	Pages
Articles	
Vins du mois	10
Les rosés	
Votre courrier	12
Balade Gourmande	14
Une visite en Alsace	
Des salades	17
La vie d'un Chef	20–24
Monique Chassang parle avec Dominique Chamary	
Le marché de juin	25
Les sardines, les harengs, la lotte	
Cuisine d'ailleurs	31
Le Royaume-Uni	
Menu express	33–38
Tarte au citron, soupe de pêches, fromage frais aux fruits, crème anglaise	
Des idées	40
Les nouveaux produits	46

Regardez ce sommaire d'un magazine. Notez la page des articles dans la liste. **(4)**

Exemple **a** = page 25

a un article sur le poisson
b un article sur les desserts
c des lettres
d un article sur une région de la France
e une interview

SECTION B

Relaxing

EXAM TIP

Activity A: Note that there are more descriptions of people than activities. For some people, there will be no matching activity.
Activity B: Scan each piece of information separately to find your answers.

Les Activités

a **PISCINE SAINT-MERRI** (municipale)
16, rue du Renard
Tél: 01 42 76 78 01 et 01 42 72 29 45
Dimensions: 25m x 10m
Profondeur: de 0,60m à 2m

Tarifs
Entrée
Plein tarif: 15 F
Demi-tarif: 7,50 F
Abonnement: 196 F (3 mois)

Leçons
Individuelle (30 mn): 75 F
Collective: 32F
Abonnement (6 leçons): 21 F

Horaires
Lundi: fermée
Mardi: 7h 30/8h–11h 30/13h
Mercredi: 7h/8h–11h 30/17h 30
Jeudi: 7h/8h–11h 30/13h
Vendredi: 7h/8h–11h 30/13h 30
Samedi: 7h/17h 30
Dimanche: 8h/17h 30

b **VERSAILLES ½ JOURNÉE**   375FF
Tous les jours à 8h 30 et 13h 30 sauf le lundi
Visite du Château de Versailles, résidence du Roi Soleil LOUIS XIV ainsi que de ses jardins à la Française dessinés par LE NOTRE. En dehors de ses appartements des XVIIème et XVIIIème siècles, le Château, haut lieu de l'art classique français, comporte un musée de peintures et de sculptures se rapportant à l'histoire de France.
(Visite libre des appartements.)

c **Dôme IMAX**
10F de réduction
La plus saisissante expérience de cinéma au monde

d **PARC DE PUTEAUX**
Île de Puteaux
92800 Puteaux
Tél: 01 47 72 40 20
Golf: 01 42 04 26 56
Accueil joueurs: 01 45 06 68 12
À 5 minutes de La Défense et 10 minutes de l'Étoile, sur une île en bordure de Seine, 15 hectares consacrés au football, au tennis, au golf et à l'athlétisme.
Métro/RATP: Arrêt Pont-de-Neuilly, puis bus 144 jusqu'à l'arrêt Pont-de-Puteaux.

e **LAFAYETTE**
LE GRAND MAGASIN, CAPITALE DE LA MODE
- Détaxe à l'exportation
- Bureau d'accueil
- Interprètes
- Défilés de mode hebdomadaires
- Bureau de change
- Restaurants
- Lafayette Gourmet: épicerie fine

f
à partir de
5760FF
Vol + hébergement + forfait ski

Nous vous proposons de passer une semaine de ski inoubliable dans les spectaculaires montagnes des Rocheuses canadiennes.

A Lisez les informations sur les activités et les descriptions des personnes. Quelle activité va bien avec quelle personne? Écrivez la lettre de l'activité et le nom de la personne.

1 La matière préférée de **Nicole**, c'est l'histoire.
2 **Anne** aime faire les magasins.
3 **Julie** adore les sports.
4 **David** aime aller à la pêche.
5 **Michel** aime regarder les films.
6 **Léa** aime jouer au football.
7 **Jean-Paul** aime voyager à l'étranger.
8 **Luc** aime nager.

B Lisez les phrases ci-dessous. Pour chaque phrase, écrivez:
a) vrai b) faux c) on ne sait pas.

Piscine Saint-Merri
1 La piscine est ouverte tous les jours.
2 L'entrée pour un adulte coûte cinquante francs.

Versailles
3 Il y a une excursion à Versailles tous les jours.
4 Le guide à Versailles parle anglais et français.

10F Discount
5 Avec le bon 10F discount, vous pouvez aller au cinéma pour moins cher.

Parc de Puteaux
6 On peut faire du sport au parc de Puteaux.
7 On peut aller au parc de Puteaux en autobus ou en métro.

Galeries Lafayette
8 Lafayette, c'est le nom d'un supermarché à Paris.
9 On y trouve des toilettes.

Vacances au Canada
10 Une semaine de ski coûte 5 760 FF tout compris.

Sign language

Why might you be surprised to see this sign in Paris?

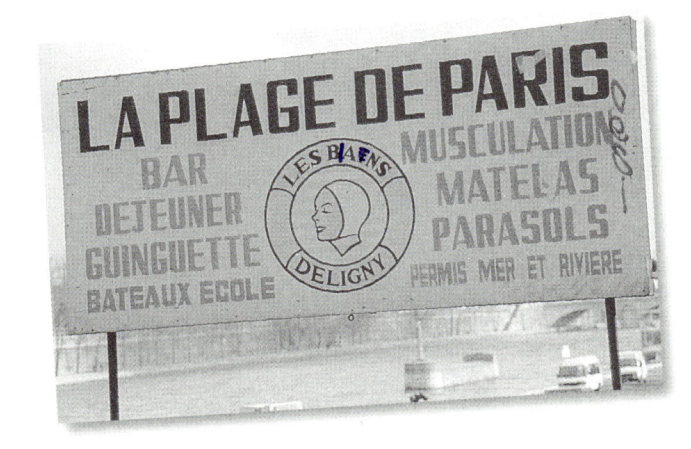

Free time

Regardez les photos et répondez aux questions.

A

Qu'est-ce qu'on ne peut pas faire ici?
Écrivez la lettre du bon dessin.

B

1. Le musée est fermé quel jour de la semaine?
2. Le musée ouvre à quelle heure?
3. Il ferme à quelle heure?

C

Qu'est-ce qu'on peut faire ici?

Child's play

EXAM TIP

Make sure that you really know the days of the week in French: they are often tested in the exam.
lundi (Monday), **mardi, mercredi, jeudi, vendredi, samedi, dimanche** (Sunday)

Le jardin des enfants aux Halles

Le jardin des enfants est réservé exclusivement aux enfants âgés de 7 à 11 ans.

Les enfants sont accueillis par une équipe d'animateurs spécialisés.

Le jardin dispose d'une salle permettant de s'abriter en cas de pluie, d'une infirmerie et de toilettes.

Selon l'affluence, le temps de présence des enfants peut être limité de 1 heure à 2 heures.

HORAIRES
Ouverture tous les jours sauf le lundi.
- du 1er juin au 30 septembre:
  de 10 h à 19 h les mardi, mercredi, jeudi, samedi
  de 14 h à 19 h les mercredi et dimanche.
- du 1er octobre au 30 mai:
  en période scolaire 9 h à 12 h et 14 h à 18 h
  durant les petites vacances scolaires de 10 h à 18 h.

TARIFS
prix d'entrée: 2,20 F.
abonnement hebdomadaire: 9 F.

TÉLÉPHONE
01 45 08 07 18

ACCÈS
105, rue de Rambuteau
métro: Les Halles, Châtelet, Pont-Neuf, Louvre
R.E.R.: Les Halles.

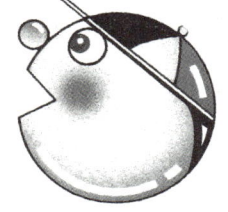

UNDERSTANDING WORDS

permettant

It's usually easy to work out the meaning of French words which end in **–ant** as their English equivalents end in **–ing**, e.g.,
permettant = permitting, allowing
parlant = speaking
habitant = living
intéressant = interesting

Petit dictionnaire

les horaires noun
opening times

sauf preposition
except

A Read this brochure about "Le jardin des enfants".
Then read the statements below.
In each statement there is a mistake.
Copy the statements and correct the mistakes.

1. It is for children of all ages.
2. If it rains the children have to shelter under the trees.
3. It is open every day except Tuesday.
4. It is open from 2 p.m. until 7 p.m. on Wednesdays and Saturdays.
5. It opens at 9 a.m. in the school holidays.
6. An entry ticket costs 9 francs.

B Répondez en français aux questions suivantes.

1. On est jeudi, le 6 juillet. Le jardin ouvre à quelle heure?
2. Le jardin ferme à quelle heure en période scolaire?
3. Un ticket coûte combien?

C Maintenant, choisissez les bonnes réponses.

1. Où sont les jardins?
   a) à Calais
   b) à Paris
   c) à Boulogne.

2. Comment est-ce qu'on peut aller au jardin?
   a) en métro
   b) en train
   c) en avion.

Penpals

1

Helena Ribeiro,
c/o Fahrion,
39 route de Fontenex,
1207 Genève,
Suisse.

Salut, j'ai 16 ans. J'aimerais correspondre avec des filles et des garçons entre 16 et 19 ans. Je parle portugais, français et un peu anglais. Si vous aimez le théâtre, l'équitation et sortir, n'hésitez pas à m'écrire. Réponse assurée avec photo.

2

Mike Van der Maden,
Camp de la Fontaine,
82800 Bruniquel,
France

Hello girls and boys, si vous aimez les Guns, Kurt, la danse et Fun Radio et que vous avez entre 14 et 16 ans, écrivez-moi vite! J'attends impatiemment vos lettres et vos photos.

3

Amis Braiki,
12 avenue de Lyon,
Appartement N3,
Bp 1000 Tunis,
Tunisie.

Salut! J'ai 16 ans et je voudrais correspondre avec des garçons et des filles de toutes nationalités et toutes religions. J'adore la musique, le cinéma, le sport. J'attends avec impatience vos lettres ainsi que vos photos.

4

Omoghé Senghor,
BP 1081,
Port-Gentil.
Gabon.

Salut! Tu as entre 15 et 20 ans, tu adores le basket, la danse, la natation et par-dessus tout recevoir du courrier. N'hésite pas, écris-moi! Pour en savoir plus, à ton stylo! N'oublie pas de glisser une photo.

Lisez les lettres de ces jeunes qui cherchent des correspondants et répondez aux questions ci-dessous.

A C'est qui? Écrivez le nom de la bonne personne.
Exemple
Il aime écouter la radio et danser.
Vous écrivez: **Mike Van Der Maden.**

  1 Elle a seize ans et elle aime monter à cheval.
  2 Il a seize ans et il aime les films, le sport et la musique.
  3 Il aime nager.
  4 Il habite une grande ville en Afrique du nord.
  5 Elle parle trois langues.
  6 Il est français mais il commence sa lettre avec une phrase anglaise.

B Lisez maintenant les lettres des correspondants britanniques à la page 29. Quel correspondant ci-dessus va bien avec quel correspondant britannique?
Écrivez le numéro du correspondant ci-dessus et la lettre du bon correspondant britannique.

a

John Anthony, Nottingham.
Salut! J'ai 17 ans et je voudrais correspondre avec des garçons et des filles entre 18 et 20 ans. J'adore tous les sports et danser. J'aime aussi voyager et nager.

b

Richard Walker, Newcastle.
Salut, j'ai 16 ans. Je voudrais correspondre avec des filles de mon âge qui aiment le théâtre et les chevaux. Je parle anglais, français et italien.

c

Melanie Eden, Birmingham.
Salut! Tu as entre 14 et 16 ans, tu adores la musique pop, écouter la radio et danser. Ecris-moi vite et n'oublie pas ta photo.

d

Anne Martin, Edimbourg.
Salut, j'ai 17 ans. J'aimerais correspondre avec des filles de mon âge qui aiment le sport, surtout le tennis. J'aime aussi lire les romans et j'aime regarder la télé.

e

Julie Atkin, Londres.
Salut! J'ai 16 ans et j'aimerais correspondre avec des filles et des garçons de mon âge. Je cherche quelqu'un qui aime le sport et la musique. J'aime les films américains et français.

C Relisez les lettres des correspondants 1 à 4. Répondez en français aux questions suivantes.

Helena
1 Elle habite quel pays?
2 Elle a quel âge?
3 Quelles sont ses activités préférées?

Mike
4 Mike parle de deux groupes pop: comment s'appellent-ils?

Amis
5 Amis habite quelle ville?
6 Il veut correspondre avec des garçons ou des filles?

Omoghé
7 Quels sont les sports préférés d'Omoghé?
8 À part une lettre, qu'est-ce qu'il espère recevoir?

EXAM TIP

Here, you can practise answering three types of questions which come up in your exam:
A: You should read each description and then scan the letters to find the matching one.
B: For each writer of letters 1–4, you need to find a British person with matching interests. There are five British letters. You will therefore not use one of these letters.
C: Scan the letters from the French-speaking people to find the answers to the questions: copy the correct words and you have your answers!

Pass it on

1. Psst! Un message pour Paul. On va jouer au foot. On se retrouve cet après-midi à seize heures devant la gare. Fais passer!

2. Psst! Un message pour Paul. On se retrouve cet après-midi à seize heures dans la gare. Fais passer!

4. Psst! Un message pour Paul. On va jouer au foot. On se retrouve cet après-midi à dix-huit heures à l'arrêt d'autobus. Fais passer!

5. Psst! Un message pour Paul. On va jouer au foot. On se retrouve cet après-midi à huit heures, en ville. Fais passer!

Lisez cette bande dessinée et regardez les dessins ci-dessous. Quel dessin (**a–h**) va avec quelle phrase (**1–6**) de la bande dessinée?

3

Psst! Un message pour Paul. On joue au foot à six heures. On se retrouve à la gare routière. Fais passer!

6

Psst, Paul! David va jouer au foot. Tu dois le retrouver au stade à vingt heures.

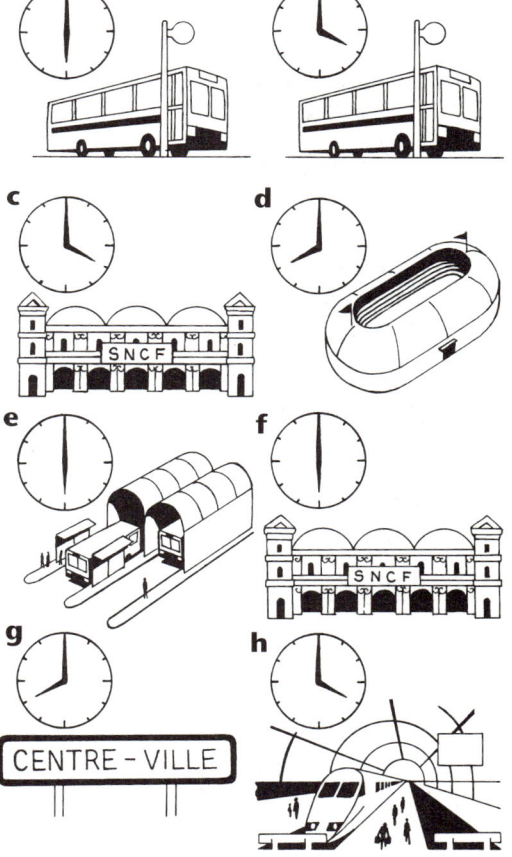

EXAM TIP

Often it's the small words which cause problems if you don't know exactly what they mean. Make sure you know them before you try this question and revise them for your exam.

devant = in front of
dans = in
à, au = at

RSVP!

Salut, Claudette

Tu vas à la boum samedi. C'est super! Qu'est-ce qu'on va faire? Tu veux me retrouver dans l'après-midi avant la boum? On pourrait se retrouver à deux heures et demie devant la poste? On pourrait faire les magasins et après on pourrait aller au café.

Le soir, on ira à la boum. Anne m'a demandé d'apporter des CD. Toi aussi, tu en as quelques-uns à apporter?

Tu apportes aussi quelque chose à boire ou à manger? Moi, j'apporte du fromage. Tu peux apporter du pain?

Ma mère viendra me chercher après la boum. Tu veux rentrer en voiture avec nous? Je te téléphone vendredi.

Julie.

A Lisez cette lettre à Claudette et les questions suivantes. Choisissez les bonnes réponses.

1 Où est-ce que Julie veut retrouver son amie Claudette, l'après-midi?

2 Elles se retrouvent à quelle heure?

3 Qu'est-ce qu'elles vont faire?

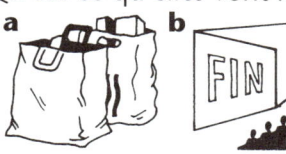

4 Julie apporte quelque chose à manger. C'est quoi?

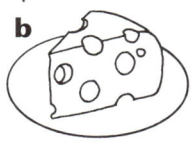

5 Après la boum, comment est-ce que Julie va rentrer à la maison?

EXAM TIP

Remember, for each task, read the **question** first and then scan the text to find the answer. Do not read the text first.

B Now answer these questions in English.

1 What is Julie pleased about?
2 What two things does she suggest doing in the afternoon?
3 What has Anne asked Julie to do?
4 What food does Julie ask Claudette to bring?
5 How can they both get home?

C Recopiez et complétez ces phrases.

1 Julie veut voir son amie .... la boum.
2 Elles vont peut-être faire les magasins et aller au ....
3 C'est .... qui organise la boum.
4 Julie va apporter des CD et du ....
5 Après la boum, elles peuvent rentrer en voiture, avec .... de Julie.

Present problems?

Your friend is looking for a present to take to a party and is attracted by this advert. Tell her what is being advertised.

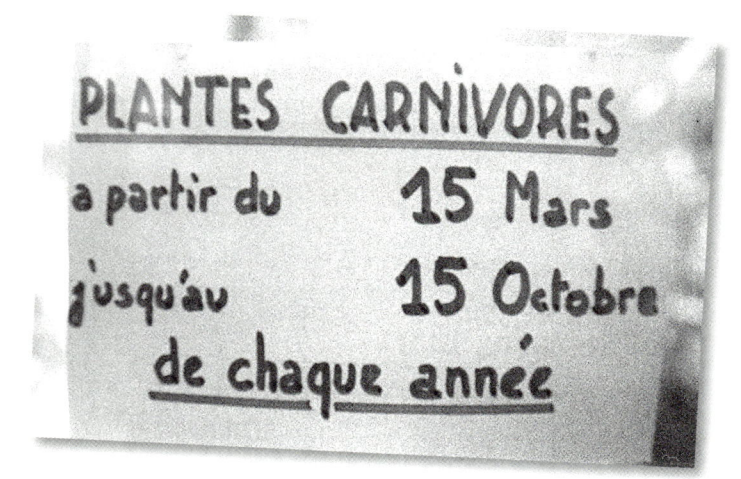

PLANTES CARNIVORES
a partir du 15 Mars
jusqu'au 15 Octobre
de chaque année

Puzzle break

Regardez ce puzzle et répondez aux questions en français.

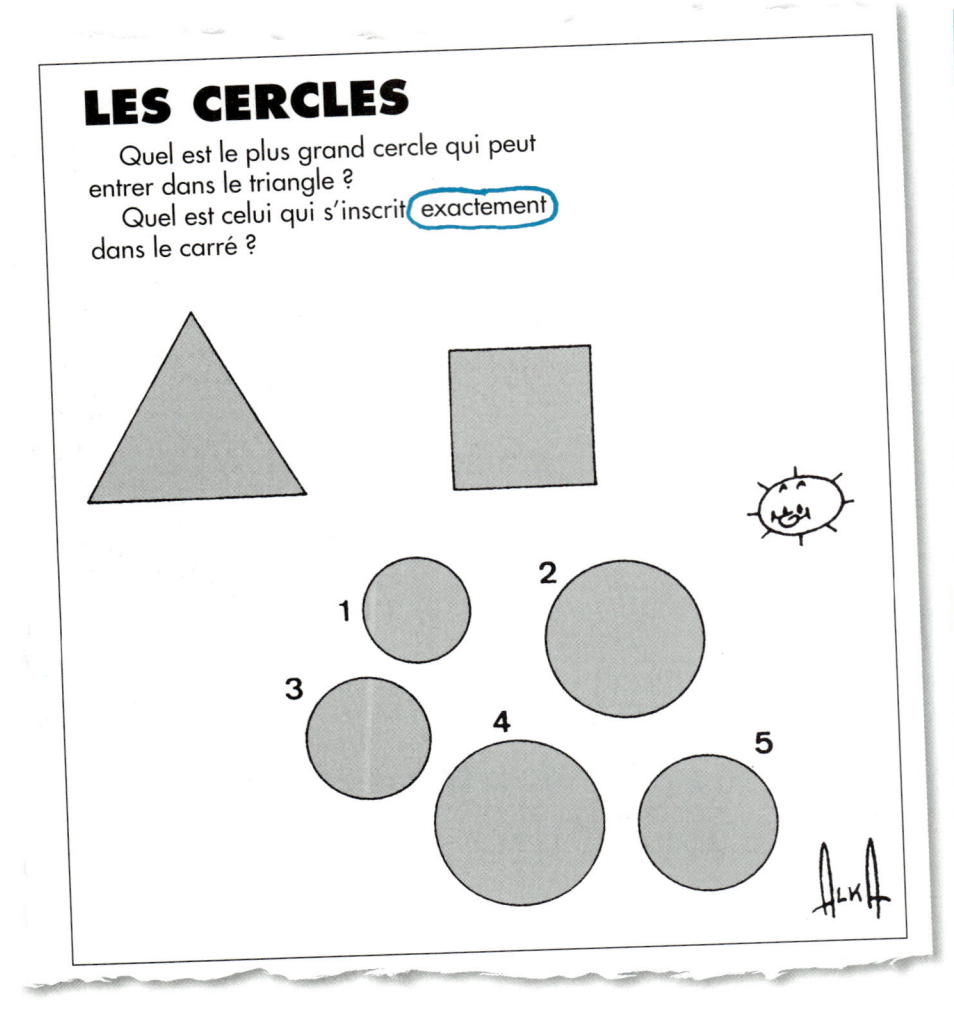

LES CERCLES

Quel est le plus grand cercle qui peut entrer dans le triangle ?

Quel est celui qui s'inscrit exactement dans le carré ?

UNDERSTANDING WORDS

exactement

You can easily work out the meaning of many words which end in **–ment** as the equivalent English words end in **–ly**, e.g.,
exactement = exactly
principalement = principally, mainly
impatiemment = impatiently.

Petit dictionnaire

le carré *noun*
square

celui *pronoun*
the one

s'inscrire *verb*
to fit into something

Sign language

A friend sees this sign. Explain, in English, what it means.

ICI
VENDEZ
VOS
LIVRES

34 B

Television trouble

La vielle dame

Une vieille dame achète une télévision. Le premier jour, elle regarde un match de football. Le lendemain, c'est un match de rugby qu'elle regarde. Le troisième jour, elle appelle le réparateur:
– Ma télévision est déréglée.
– Pas du tout, madame, elle fonctionne très bien.
– Mais si, voyons, répond la vieille dame. Avant-hier, j'ai bien vu que le ballon était rond, alors qu'hier il était ovale!

A Lisez ce texte et regardez les dessins.
Écrivez les lettres des dessins a à d dans le bon ordre.

Petit dictionnaire

déréglé *adjective*
out of order; upset; unsettled

fonctionner *verb*
to work

pas du tout *adverb*
not at all

B Lisez les phrases et choisissez les bonnes réponses.

1 La vieille dame a acheté:
   a) un match
   b) un ballon
   c) une télévision
   d) un réparateur.

2 D'abord, elle a regardé:
   a) une émission sportive
   b) un film
   c) les actualités
   d) un concert

3 Elle a appelé le réparateur parce qu'elle:
   a) voulait voir un dessin animé
   b) n'aimait pas le sport
   c) pensait que la télé avait coûté trop cher
   d) pensait que la télé ne fonctionnait pas bien.

C Maintenant, lisez cette question et répondez en français.
Qu'est-ce que le réparateur répond?
Imaginez sa réponse et écrivez-la.

Cinema review

Un amour à Paris

Réalisation : Merzak Allouache.
Scénario : Merzak Allouache.
Images : Jean-Claude Larrieu.
Son : Philippe Lioret.
Montage : Marie-Jo Audiard.
Musique : Jean-Marie Senia.
Interprètes : Catherine Wilkening, Karim Allaoui, Juliet Berto, Daniel Cohn-Bendit.
Production : Productions de la Lune.
Distribution : Visa Films.
Durée : 1 h 25.
Sortie Paris : 3 février 1988.
Vente à l'étranger : Les Productions de la Lune.

Marie arrive d'Alger. Elle veut être mannequin à Paris. Ali est libéré de Fleury-Mérogis. Il rêve d'être cosmonaute, et se prépare à partir pour Houston. Marie se retrouve caissière dans un supermarché, et c'est là qu'elle rencontre Ali. Une histoire d'amour commence, marquée par la confrontation de leurs rêves et de leurs espoirs.

Read this description of the film *Un amour à Paris* from a magazine. Then copy and complete the English description.

> Marie has come to .... from Algeria. She wants ....
> a model. Ali has been .... from the prison of Fleury-Mérogis.
> He dreams of being .... and is getting ready to .... for
> Houston. Marie finds herself working as a .... in a .... ,
> where she ....
> Their encounter is the beginning of a .... story marked by
> the confrontation of their dreams and ....

Book review

si un dinosaure venait dîner
Jane BELK MONCURE
Mondia, 1980, 30 p.

Ce livre est très bien illustré. Les images sont en couleurs. Il n'est pas difficile à lire. Il y a une ou deux phrases par page et c'est très expliqué.

C'est l'histoire d'un enfant qui voulait avoir un dinosaure. Voici ce qu'il dit : « Je sais que les dinosaures sont morts bien avant ma naissance. Ceux que je vois dans les musées sont presque tous en cire. J'imagine le plaisir que je pourrais avoir avec un de ces animaux. Je veux dire avec un qui n'est pas mauvais et très gentil. À l'automne, je lui montrerais comment jouer au football et au baseball. En été, ce serait encore mieux, il jouerait au basket. Il serait le champion. En hiver, s'il se tenait tranquille, il aurait l'air d'une grosse montagne et je pourrais glisser et skier avec mes amis ».

Le petit garçon imagine tout le long du livre des nouveaux jeux s'il avait comme ami un de ces animaux. Je l'ai beaucoup aimé, il est très intéressant.

Jean-Marc DUVAL
(11 ans)

UNDERSTANDING WORDS

illustré

When a French word ends in **–é**, the English equivalent usually ends in **–ed**, e.g.,
illustré = illustrated
expliqué = explained
téléphoné = telephoned
industrialisé = industrialised

Lisez la description du roman "Si un dinosaure venait dîner".
Puis, recopiez et complétez les phrases ci-dessous. Utilisez la case ci-dessous pour vous aider.

1 Le livre a de belles ....
2 Le livre est .... à lire.
3 C'est l' histoire d'un dinosaure et d'un ....
4 Il a vu des dinosaures dans les ....
5 Il voudrait .... au football avec le dinosaure.
6 En été, il voudrait jouer au ....
7 Le garçon imagine que le dinosaure est son ....
8 Jean-Marc trouve que le livre n'est pas ....

Dans ce grand mot, vous trouverez tous les mots nécessaires pour compléter les phrases.

imagesfacileenfantmuséesjouerbasketamiennuyeux

SECTION B Now test yourself!

TIPS FOR EXAM SUCCESS

Remember with each item:
1 Read the questions first, not the text.
2 Deal with each question separately. Read the question, look for the answer in the text. Then go on to the next question, and so on.
3 If questions are in English answer in English. If questions are in French answer in French.
4 You do not need to understand every word of the text to answer the questions.

1
You and your friend are staying in France with Sylvie.
Sylvie gets this message and your friend wants to know what it is about.
Answer her questions.

> Salut!
>
> Pour la boum chez Pierre samedi, j'ai des choses à te demander.
>
> Tu peux demander à Bruno d'apporter quelques CD? Je sais qu'il a une collection formidable.
>
> Aussi, Janine m'a téléphoné, elle ne pourra pas venir donc elle ne va pas apporter de verres. Tu crois que ta mère pourrait nous en prêter?
>
> Finalement, est-ce que ton frère pourrait ramener Suzy en voiture après la boum. Elle habite tout près de chez toi.
>
> Dom

a) What does Dom want Bruno to do? **(1)**
b) Janine is not coming to the party. What problem does this cause? **(1)**
c) What possible solution does Dom suggest? **(1)**
d) What is Sylvie's brother asked to do? **(1)**

Total (4 marks)

London Examinations (ULEAC), Reading and Responding, Foundation Tier

2

Lisez cette lettre et les questions suivantes.
Choisissez les bonnes réponses.

Nice, le 12 mai

Salut, Michel!

Qu'est-ce que tu fais, le week-end prochain? Tu voudrais passer le week-end chez moi?

Si tu viens me voir, on va aller à la campagne. Samedi, on va aller à la piscine. La piscine est grande et moderne et il y a un café. Dimanche, on va faire une randonnée en vélo. Apporte ton appareil-photo, les vues sont superbes!

Alors, si tu viens me voir, on va te chercher à la gare routière à Nice. Tu peux arriver vendredi soir vers huit heures?

À bientôt,

Paul

1. Qu'est-ce qu'ils vont faire samedi? (1)

2. Qu'est-ce qu'ils vont faire dimanche? (1)

3. Michel doit apporter quelque chose. C'est quoi? (1)

4. Comment est-ce que Michel va aller à Nice? (1)

5. Paul voudrait que Michel arrive vers quelle heure? (1)

Total (5 marks)

3
Lisez cet article et complétez les phrases.

Un film à voir:
Huckleberry Finn

Huckleberry Finn est le dernier film de Walt Disney. Il sort au cinéma à partir du 22 juin.

Au XIXe siècle, les États-Unis sont divisés entre le Nord très industrialisé (avec beaucoup d'usines) et le Sud qui vit principalement de ses exploitations (plantations) de coton. Les sudistes (Américains du Sud) utilisent des esclaves noirs pour travailler dans les plantations. Les esclaves n'ont aucun droit et aucune liberté. Ils sont souvent maltraités.

Ce film raconte les aventures d'un petit sudiste et d'un esclave noir en fuite. Nous sommes dans l'État du Mississippi (dans le sud des États-Unis). Huckleberry, surnommé Huck, est un petit garçon d'une dizaine d'années. Enfant sauvage, bagarreur, il préfère l'école de la rue à l'école tout court.

À la mort de sa mère, il est adopté par deux vieilles dames très riches qui tentent en vain de lui apprendre les bonnes manières. Un soir, son père qu'il n'avait pas revu depuis très longtemps, l'enlève. Il boit et bat son fils. Huck s'échappe en laissant croire qu'il a été assassiné.

Au même moment, Jim, un esclave noir s'enfuit de sa plantation. La population pense que Jim est l'assassin de Huck. Huck et Jim décident de s'enfuir ensemble à bord d'un radeau. Un voyage très mouvementé, plein de danger mais qui heureusement finira bien.

Ce film est adapté d'un roman de Mark Twain. Cet écrivain américain, mort en 1910, s'est rendu célèbre en publiant "Les aventures de Tom Sawyer".

Exemple: Le nouveau film de Walt Disney s'appelle **Huckleberry Finn**.

1 On peut voir "Huckleberry Fin" après le ....
2 L'histoire se passe aux États-Unis où .... et .... sont très différents: le premier est très industrialisé et le deuxième dépend de ses exploitations de coton.
3 Ce sont des .... qui travaillent dans les plantations.
4 Le héros du film est un enfant de .... ans, qui n'aime pas l'..........
5 Sa .... est morte, donc il habite chez..........
6 Son père vient l'enlever mais Huck s'échappe parce que son père est..........
7 Jim est .... qui réussit à sortir de sa..........
8 C'est .... qui a écrit cette histoire.

Southern Examining Group, Reading Specimen Question, Foundation Tier

4

ICI VENDEZ DISQUES VIDEO

Your friend is short of money. Why might he be interested in this advert? (1)

5

POINT DE RENCONTRE

Your friend arranges to meet you at the station. Why would this be a good place to wait? (1)

Exam questions

6

Voici des détails de jeunes qui cherchent un(e) correspondant(e).

EDWIGE RAISSA MBOUSSA,
454, rue Fraceville, Ouenzé, Brazzaville, Congo.
J'ai 14 ans, et je souhaite correspondre avec des garçons et des filles de 15 ans.

HASINA ANDRIATSIORY,
CNAPS BP 209, Majunga 401, Madagascar.
Je suis une fille de 13 ans. J'aime le sport, surtout la danse. Je souhaite correspondre avec des garçons et des filles du monde entier. Ma cousine, qui a 15 ans, cherche, elle aussi, des correspondants.

PASCAL GLINEUR,
av. Jean et Pierre-Carsoel 113, 1180 Bruxelles, Belgique.
Je cherche des correspondants qui ont un ordinateur IBM Compatible, pour échanger des programmes ou des jeux.

BENEDETTA PALLAVICINI,
via Mozart no 2, 96100 Mantova, Italie.
J'ai 13 ans, j'aime le sport, la musique, écrire et voyager. Je souhaite correspondre en français, en italien ou en allemand.

MYRIAM SAINZ ZORAYA,
Central Iberduero Ventas de Yanci, 31790 Yanci Navarra, Espagne.
J'ai 14 ans. Je cherche des garçons et filles parlant français ou espagnol. Écrivez-moi sur des cartes-postales car je les collectionne.

SYLVIA ANTOU,
376 route du Bois-de-Nèfles, 97490 Sainte-Clotilde, la Réunion, France.
Je voudrais une correspondante canadienne de 10 à 12 ans.

FLORENCE FOLMER,
6, rue des Tilleuls, L2510 Luxembourg, Luxembourg.
J'ai 12 ans. Je cherche des correspondants de mon âge, du monde entier, qui aiment la danse, les chats, les hamsters, les pays étrangers et le scoutisme. J'aimerais communiquer en allemand ou en français.

EUDES-ARISTIDE MAHOUNGOU,
élève au CEG de Madingou 1, BP 75, Madingou, Congo.
J'ai 14 ans. Mes passions sont la lecture, le dessin, la musique et le sport. Je désire correspondre avec une fille ou un garçon de 14 ou 15 ans.

MAUD IVANOFF,
103, Shady creek court, Greer SC29650, USA.
J'ai 13 ans, je suis française et j'habite aux États-Unis. Je souhaite correspondre avec un garçon ou une fille habitant l'Allemagne, l'Amérique ou l'Afrique.

MICHAELA-CHRISTINA PREDA,
rue Odra de Aries 7, bloc 12, entrée A et 8, app. 34, sect. 6, Bucuresti, Romania.
Je suis une fille de 14 ans. Ma passion est la musique, je joue du piano. J'aime aussi la peinture, la natation, le tennis et le football. Je désire correspondre en français ou en anglais.

Écrivez le nom de la personne qui:

a aime les animaux.

b joue d'un instrument.

c ne veut pas recevoir de lettres.

d veut correspondre avec quelqu'un de plus âgé.

e parle trois langues.

f veut écrire à une fille qui n'habite pas en France.

g n'habite pas dans son pays d'origine.

h aime l'art et les livres.

i aime l'informatique et les jeux électroniques.

Northern Examinations and Assessment Board, Reading, Foundation Tier

SECTION C

Photo story

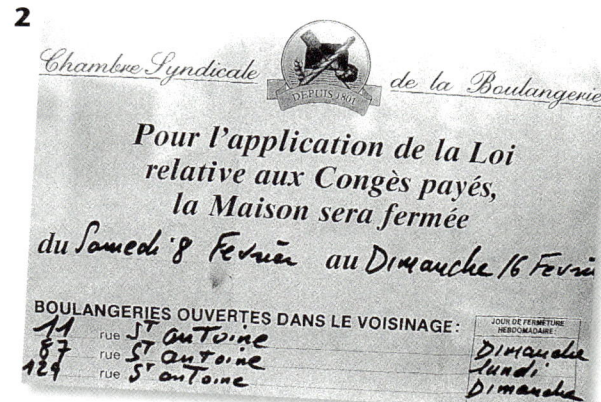

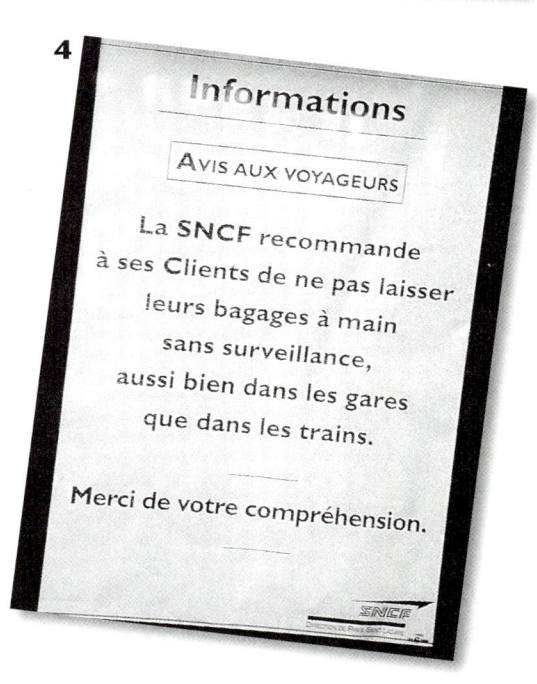

1 SOLDES À L'INTÉRIEUR

2 Chambre Syndicale de la Boulangerie

Pour l'application de la Loi relative aux Congés payés, la Maison sera fermée du Samedi 8 Février au Dimanche 16 Février

BOULANGERIES OUVERTES DANS LE VOISINAGE : | JOUR DE FERMETURE HEBDOMADAIRE
11 rue St Antoine — Dimanche
87 rue St Antoine — Lundi
129 rue St Antoine — Dimanche

3 Au Sanglier — Plats Cuisinés

4 Informations

AVIS AUX VOYAGEURS

La **SNCF** recommande à ses Clients de ne pas laisser leurs bagages à main sans surveillance, aussi bien dans les gares que dans les trains.

Merci de votre compréhension.

SNCF

---

1 You are in a French town and see sign **1** outside a shop. Why might you want to go inside?

2 You need to get some bread. You go to a baker's and see notice **2** in the window.
   a) What problem does the notice warn you of?
   b) What solution does it suggest?

3 You want to buy some food for your evening meal. What sort of food can you buy where you see sign **3**?

4 You are waiting at the station and see sign **4**. What information does it give you?

Jewellery theft

5 MILLIONS DE BIJOUX VOLÉS
Hold-up sur rendez-vous à Paris

"C'était un homme soigné et courtois", répète le bijoutier. Il ne faut pas toujours se fier aux apparences. En dix minutes, hier après-midi à Paris, l'homme soigné et courtois a réussi un hold-up assez spécial: un hold-up sur rendez-vous.

Il avait poussé la politesse jusqu'à téléphoner pour annoncer sa visite. "Je serai chez vous à 16 heures", avait-il dit au téléphone à M. About, le propriétaire d'une bijouterie située, 40, rue Réaumur.

À l'heure dite, le client se présente. But avoué de la visite: effectuer des achats importants pour le compte d'un étranger.

"Je l'ai fait passer dans mon bureau", raconte M. About. Dans le bureau, il y a le coffre-fort. Le pseudo-client sort un revolver. Ordonne au commerçant de se coucher par terre. L'attache avec une chaîne.

"Ensuite, il a appelé un complice, qui était resté dehors. C'est lui qui a transporté les marmottes". Les "marmottes", ce sont les boîtes à échantillons où l'on range les bijoux. Cinq millions de francs environ; le voleur si poli n'a pas perdu sa journée.

UNDERSTANDING WORDS

bijoutier

French words ending in **–ier** often show a person's job, e.g.,
épicerie grocery
épicier grocer;
ferme farm
fermier farmer.

The noun **bijou**, which is used in the headline of this article means jewel. So what do you think **un bijoutier** is?

bijouterie

French words ending in **–erie** are often shops, e.g.,
boucherie
boulangerie
charcuterie.

You know that **un bijou** is a jewel. So you can work out the meaning of **une bijouterie**.

A Lisez cet article et regardez les dessins ci-dessous. Écrivez le numéro des dessins dans le bon ordre.

1 2 3
4 5 6

Petit dictionnaire

avouer verb
to declare; to admit

le but noun
aim; goal

la chaîne noun
chain

le coffre-fort noun
safe

le complice noun
accomplice

se coucher verb
to go to bed; to lie down

courtois adjective
courteous

réussir verb
to succeed

soigné adjective
well-groomed

la terre noun
earth; ground

44 C

B Lisez l'article encore une fois. Puis recopiez et complétez ces phrases.
Vous trouverez les mots pour les réponses dans le puzzle ci-dessous.

1 Le voleur était ....
2 Le hold-up a eu lieu dans une ....
3 Avant d'arriver chez le bijoutier, l'homme a ....
4 L'homme est arrivé à .... heures chez le bijoutier.
5 Il a dit au bijoutier qu'il voulait faire des ....
6 Après être arrivé chez le bijoutier, l'homme est entré dans le ....
7 Quand il était dans le bureau l'homme a sorti un ....
8 Un .... a aidé l'homme à faire le hold-up.
9 Il a volé des ....
10 Il a volé cinq .... de francs de bijoux.

LE PUZZLE DES MOTS NÉCESSAIRES

B	M	G	J	D	Y	B	C	L	A	R	Q
O	I	F	E	L	X	T	S	K	E	E	L
T	L	J	M	P	V	A	C	H	A	T	S
É	L	B	O	Z	F	A	P	W	Q	U	E
L	I	I	B	U	R	E	A	U	P	N	I
É	O	J	L	Y	T	X	M	W	O	U	Z
P	N	O	P	V	W	E	S	S	L	Y	E
H	S	U	H	S	A	Z	R	C	I	M	T
O	Z	X	W	A	M	O	F	I	K	W	U
N	T	E	R	E	V	O	L	V	E	R	A
É	C	O	M	P	L	I	C	E	J	D	C

Humour test

Avez-vous le sens de l'humour?
Que dit la dame? Recopiez la bonne phrase.

a) Pour aller à l'hypermarché, s'il vous plaît?
b) Deux poissons, s'il vous plaît. Et un kilo de poires.
c) On prend quelle voiture pour aller à l'hypermarché?
d) Le temps qu'on retrouve la voiture, le poisson ne va plus être frais . . !

Are you a fashion victim?

Jean-Christophe
Fontenay-sous-Bois

Pour convaincre tes parents, essaie de leur demander à un bon moment, quand ils n'ont pas de problème...

Anne Gaelle
Paris, 5e

Vraiment, je trouve que c'est un peu idiot de suivre la mode pas à pas. Il faut innover et créer de petits détails pour te donner de la personnalité...

Paul
Ile de la Réunion

Si tu as un copain qui porte une boucle d'oreille, invite-le chez toi. Tes parents vont mieux comprendre...

La Mode Qu'en penses-tu?

Raphaël
Paris, 4e

Moi aussi, j'aime bien être à la mode, mais pas complètement. Si quelque chose dans la mode ne me plaît pas, je ne l'achète pas...

Emmanuelle
Marseille

Ma mère était contre les vêtements à la mode. Alors, un jour, je suis allée discuter le pour et le contre. Elle a vu que ce n'était pas si ridicule.

UNDERSTANDING WORDS

innover
créer

Quite a few words which end in **–er** in French end in **–ate** in English. Knowing this, you can work out the English equivalents of these verbs:

assassiner
cultiver
décorer
innover

This does not always work, of course. Which of these does it work for?
a) discuter
b) acheter
c) initier
d) contempler
e) compliquer
f) parler
g) créer

A Who has made these comments? Write the name of the person with the number of the comment.
1 Don't just follow fashion, create your own style.
2 Choose the right time to discuss things with your parents.
3 Persuade your parents by discussing advantages and disadvantages.

B Lisez les phrases **a** et **b** ci-dessous. Recopiez les phrases **a** et complétez-les avec les phrases **b**. Attention! Il y a cinq phrases **a** mais six phrases **b**.

Les phrases a
1 Anne n'aime pas . . .
2 La mère d'Emmanuelle n'est plus . . .
3 Raphaël n'achète que . . .
4 Paul te conseille d'inviter chez toi un ami . . .
5 Jean-Christophe te conseille de choisir le bon moment . . .

Les phrases b
1 . . . les vêtements qu'il aime.
2 . . . pour parler à tes parents.
3 . . . suivre la mode.
4 . . . contre les vêtements à la mode.
5 . . . acheter beaucoup de vêtements.
6 . . . qui porte une boucle d'oreille.

Petit dictionnaire

comprendre verb
to understand

contre preposition
against

convaincre verb
to persuade; to convince

discuter verb
to discuss; to talk about

essayer verb
to try

mieux adverb
better

plaire (ça me plaît) verb
I like it

suivre verb
to follow

Shopping

C'est quel magasin? Regardez les photos et les dessins ci-dessous.
Quel dessin va avec quelle photo?

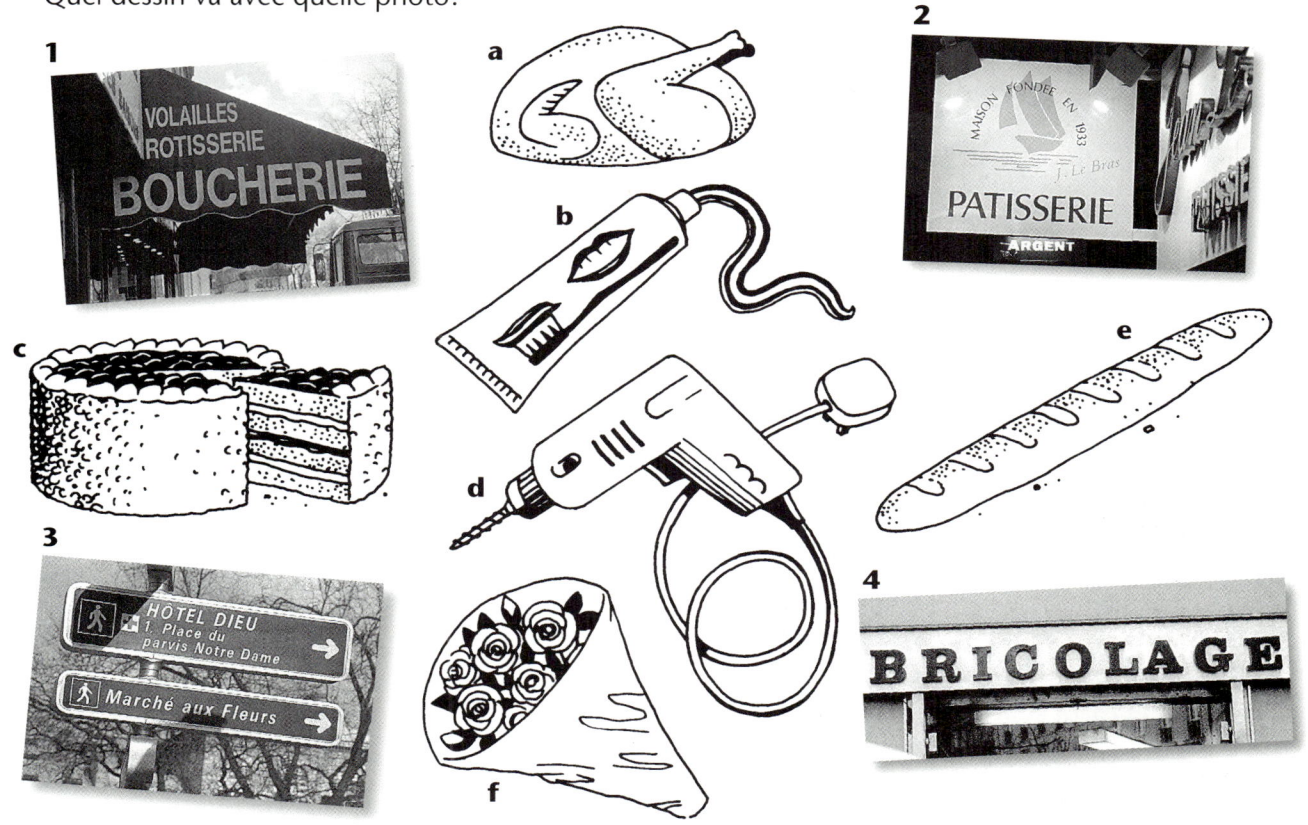

Travel information

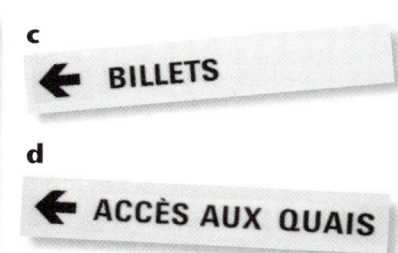

C'est quel panneau? Regardez les panneaux et lisez les phrases.
Pour chaque phrase, recopiez le bon panneau.
Exemple
**Vous voulez aller en ville, mais vous avez beaucoup de valises.
Bagages**

1 Vous voulez acheter un aller-retour pour Nice.
2 Vous avez perdu votre valise.
3 Vous avez faim.
4 Vous voulez demander l'heure de départ des trains pour Versailles.

EXAM TIP

In questions where you have to match things, there will normally be an uneven number of things to match. Be aware of this. In this question, for example, there are four statements and six signs. You will therefore not use two of the signs.

Visiting Paris

Read this information about cheap ways to visit Paris.
Then copy and complete the English translation.

UNDERSTANDING WORDS

consécutif

You can easily work out the English equivalent of this word and others like it. Change the final **–f** to **–ve** and you have it, e.g.;
actif = active
adjectif = adjective
So, what are the English equivalents of:
a) **consécutif**?
b) **possessif**?

PARIS VISITE

- Visitez et parcourez Paris en toute liberté avec la carte Paris Visite. Elle vous donne droit à un nombre illimité de voyages dans tous les transports parisiens.
- Avec un seul ticket, vous allez où vous voulez, quand vous voulez ... et de plus, vous bénéficiez d'importants avantages sur de nombreux sites de la capitale.
- Ouvrez-vite et demandez votre passeport pour le tout-Paris.

- Visit and go around Paris in complete _____ with the Paris Visite pass! It gives you the right to an _____ on all types of Parisian transport.
- With _____ ticket, you can _____ when you want ... and what's more, you can enjoy significant advantages at numerous sites in the capital.
- _____ quickly and _____ your passport to the whole of Paris.

Demandez la carte adaptée à votre séjour:
- Paris Visite pour 2, 3 ou 5 jours **consécutifs**
- pour des durées différentes, le forfait FORMULE 1, valable une journée, vous offre la même liberté de déplacement et peut s'utiliser seul ou en complément de votre carte.

Choisissez la carte adaptée à vos déplacements:
- pour parcourir Paris et sa proche banlieue, prenez le forfait zones 1 à 3. Il vous permet par exemple de circuler librement jusqu'à la Défense, Saint-Denis Basilique, Le Bourget.
- pour aller plus loin en région parisienne, vous devez demander le forfait zones 1 à 5. Il vous emmène jusqu'aux aéroports Charles-de-Gaulle ou Orly, vous permet de visiter Versailles ou encore de gagner le Parc Disneyland par le RER A (gare Marne-la-Vallée–Chessy).

Ask for the pass which is best adapted to the length of your _____:
- Paris Visite for 2, 3 or 5 _____
- for different time periods, the FORMULE 1 pass, which is _____, offers you the same freedom to travel around and can be used alone or as a complement to _____.

_____ which is best adapted to your travel needs:
- to travel around Paris and the _____, get the 1 to 3-zone pass. It will, for example, _____ to travel _____ to La Défense, Saint Denis Basilica, Le Bourget.
- to go further afield in the Paris region, you will need the _____. It will take you to Charles-de-Gaulle and Orly _____, allow you to _____ Versailles or even _____ on the RER A line (destination Marne-la-Vallée–Chessy).

EXAM TIP

In this activity, you have to complete an English translation of the French text. When you have completed the translation, read it through to make sure that it makes sense, before you move on.

48 **C**

Transport trivia

LES MOYENS DE TRANSPORT

Vrai ou Faux?

1 Le T.G.V. roule à plus de 200 km/heure.

2 Le métro parisien est le plus long du monde.

3 Le Concorde atteint une vitesse de 5000 km/heure.

4 Paris a le plus grand nombre de taxis du monde.

5 Une 2 CV Citroën est capable de voler.

6 Un milliard de bicyclettes circulent en Chine.

7 Le premier vol en Concorde a eu lieu le 2 mars 1969.

8 La bicyclette a été inventée en 1861 par Pierre Michaux.

Lisez les phrases. Pour chaque phrase, écrivez:

a) vrai

b) faux

Essayez de trouver les réponses pour les phrases fausses.

Exemple

La voiture la plus longue du monde est une Mercédès qui mesure 86 mètres.

Faux – C'est une Cadillac (qui mesure 12,20 m de long).

Air

> **Air**
>
> A comme Airbus
> B comme Boeing
> C comme Cerf-volant
> Ces appareils ne manquent pas d'air
> Que seraient-ils sans moi?
> Du vent!
>
> JACQUES GALAN

Lisez ce poème. Ensuite écrivez un autre poème alphabétique.
Votre titre: **Au supermarché**

Lost property

Date de la perte: _le 16 août 1998_
Heure de la perte: _11h 15_

OBJET PERDU

Qu'avez-vous perdu? _Un portefeuille_

Décrivez l'objet:
1 – Forme, couleur: _Rectangulaire, marron_
2 – Contenu: _600 francs, permis de conduire cartes bancaires, photos._
3 – Autres détails caractéristiques: _Tout neuf_
4 – Valeur de l'objet: _1 500 F_

A Lisez ce formulaire et regardez les dessins. Quel dessin va avec le formulaire?

B Regardez le dessin à droite. Imaginez que vous avez perdu ce sac. Recopiez et complétez le formulaire.

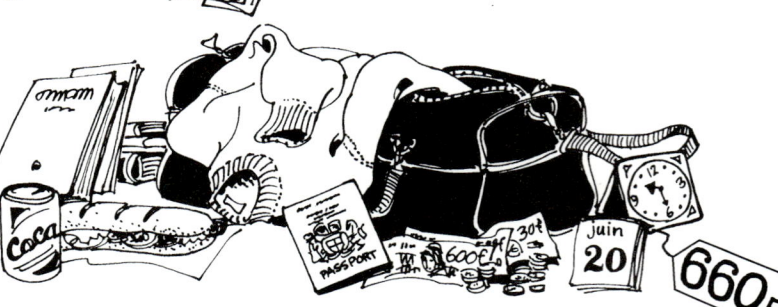

On the road

Il est interdit de faire de l'autostop sur une autoroute.

Pour doubler un cycliste, il faut observer un intervalle d'un mètre au minimum.

L'usage du klaxon est interdit pendant toute la nuit.

Ce sont les enfants âgés de moins de dix ans qui doivent s'asseoir obligatoirement à l'arrière de la voiture.

Petit dictionnaire

l'arrière *masc noun*
back

doubler *verb*
to double; to overtake

le klaxon *noun*
horn (of car)

Your friend is learning to drive. You read some rules which learner drivers are expected to know when they sit their driving test.

Copy and complete, in English, any three of these rules.

a. It is forbidden to ....
b. To .... you must leave a gap of at least one metre.
c. You must not ....
d. Children of 10 years of age must ....

Highway code

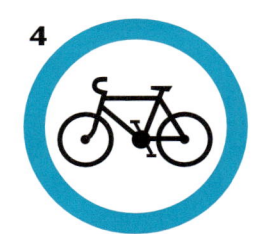

Vous connaissez bien les panneaux de la route?
Regardez ces dessins. Quels mots vont avec quel dessin?

a. Zone fréquentée par des enfants
b. Accès interdit aux vélos
c. Vitesse limitée à 60 km/h
d. Passage piétons
e. Virage à droite
f. Passage d'animaux sauvages
g. Passage d'animaux domestiques
h. Feux tricolores.

Learner drivers

Lisez cette blague et regardez les dessins. Quel dessin va avec la blague? Écrivez la lettre du bon dessin.

Un conducteur débutant s'impatiente:
— *Ah! Ces piétons, toujours au milieu de la rue!*

Sa femme lui suggère alors:
— *Tu sais, sans vouloir critiquer ta conduite, je pense que tu devrais descendre du trottoir.*

Travel

Lisez ces trois textes et regardez les dessins. Quel dessin va avec quel texte? Recopiez le titre de chaque texte avec la lettre du bon dessin.

Le vélo électrique

En 1983, un vélo électrique a été mis au point en Inde. Fonctionnant sur batterie, il a une autonomie de 80 km. Si on veut aller plus loin ..... il faut pédaler!

Du vélo sous l'eau

Il existe des Américains qui font un très drôle d'usage du vélo : en Arizona, durant 60 heures, 32 hommes-grenouilles se sont relayés pour faire 105 km en tricycle dans le fond d'une piscine!

Vélo en commun

Le record du plus grand nombre de passagers sur un vélo est détenu par les Japonais : 13 cyclistes ont roulé 10 m sur une seule bicyclette. Drôlement solide!

Which way now?

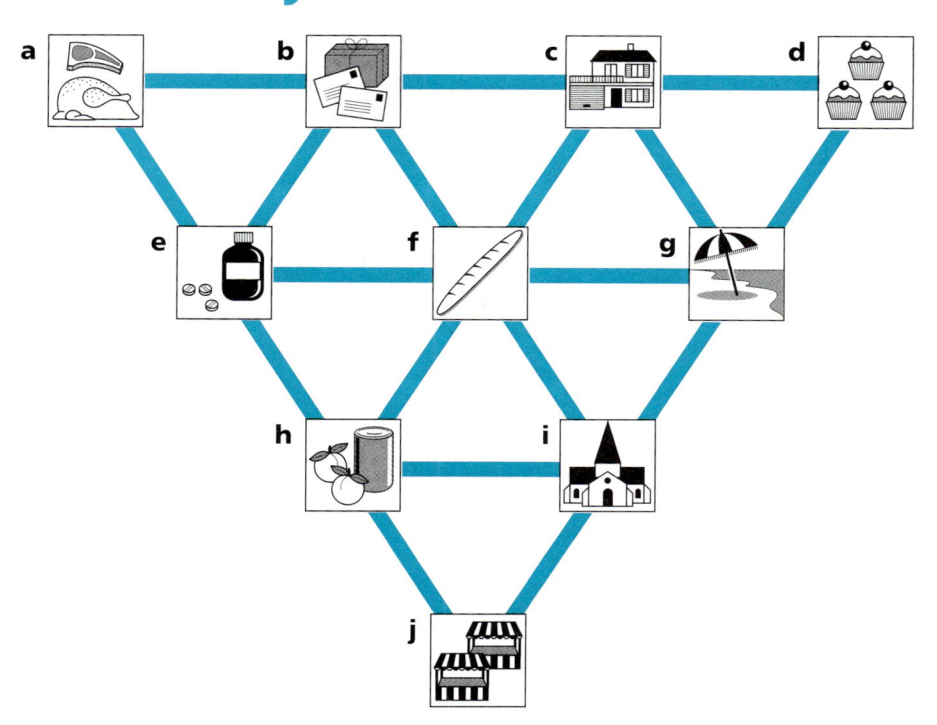

Petit dictionnaire

continu(e) adjective
continuous

lever verb
to lift; to raise

reculer verb
to step back; to reverse;
to go back

traverser verb
to cross

A Recopiez ce dessin, en joignant les lettres avec une seule ligne continue, sans traverser une ligne, sans reculer et sans lever votre crayon. Voici comment il faut commencer:

Vous commencez à la maison (**c**). Vous allez d'abord à la pâtisserie (**d**), . . .

B Après avoir fait le dessin, recopiez et complétez la solution ci-dessous.

Vous commencez à la maison (**c**). Vous allez d'abord à la pâtisserie (**d**). Puis vous allez à la .... ( ) et ensuite à .... ( ). Après cela, vous allez à .... ( ) et ensuite à .... et au .... ( ). Vous allez maintenant à la .... ( ) et encore une fois à .... ( ). Maintenant vous allez à .... ( ) et ensuite à .... ( ). Allez maintenant à la .... ( ) et ensuite à .... ( ). Vous allez enfin à .... ( ).

Shopping

Regardez cette photo. Qu'est-ce qu'on peut faire ici? Écrivez les lettres des bonnes réponses.

a) On peut poster des cartes postales.
b) On peut acheter des timbres.
c) On peut poster un petit paquet.
d) On peut poster des lettres.
e) On peut acheter des billets.

Festivities

LE PRIX DU RÉVEILLON

Crise ou pas crise, à Noël on dépense. Pour le repas du réveillon, pour le sapin, pour les cadeaux des enfants, peu de Français échappent à la tradition, même si cela coûte cher.

Selon une enquête de Familles de France auprès de 200 familles en décembre, 89% d'entre elles prévoient de réveillonner. 54% le font chez elles, 41% chez un membre de la famille.

À table, vous avez été en moyenne douze convives. Le coût du repas de réveillon a tourné autour de 140 francs par personne. Pour ce prix vous avez dégusté des huîtres, du foie gras, du boudin blanc, de la dinde, de la bûche à la crème, des chocolats. Le tout abondamment arrosé de champagne. Et pour finir, pas question de se passer de chocolats et de la traditionnelle bûche.

Les enfants d'abord

Le budget de Noël ne s'arrête pas au réveillon. 93% des familles ont acheté un sapin dont le coût moyen est de 130 francs, en comptant les guirlandes et autres décorations.

30% des familles réalisent une crèche qui leur revient à 120 francs.

Mais les plus grosses dépenses proviennent évidemment des cadeaux, particulièrement ceux faits aux enfants. Les familles sont prêtes à toutes sortes de restrictions, sauf sur ce budget. L'an dernier il atteignait 1600 francs par enfant, selon la fédération des industries du jouet. Le coût d'un cadeau se situe aux alentours de 250 francs. Dans l'ordre décroissant, les parents achètent des jeux et jouets, des vêtements, des livres.

UNDERSTANDING WORDS

décroissant

You can work out the meaning of **décroissant** if you use some of the tips you may have already learnt, e.g.,
– The English equivalent of French words ending in **–ant** usually end in **–ing**;
– Use the words before and after the unknown word to work out what it could mean. What could go in this gap? In decr.......ing order, parents buy games and toys, clothes and books.

Petit dictionnaire

le coût noun
cost

la crèche noun
nursery; nativity scene

l'enquête fem noun
investigation; survey

le jouet noun
toy

prévoir verb
to plan

le réveillon (de Noël) noun
Christmas Eve celebrations

le réveillon du premier de l'an noun
New Year's Eve celebrations

réveillonner verb
to celebrate Christmas Eve; to celebrate New Year's Eve.

le sapin noun
fir tree

selon preposition
according to

Lisez ce texte et les questions ci-dessous. Pour chaque question, choisissez la bonne réponse.

1 54% de familles françaises fêtent le réveillon:
   a) à la maison.
   b) en ville.
   c) dans un restaurant.
   d) au cinéma.

2 41% de familles:
   a) vont danser.
   b) vont voir des parents.
   c) vont au restaurant.
   d) restent chez eux.

3 Pour le réveillon, on paie 140F par personne pour:
   a) le champagne.
   b) des chocolats.
   c) une dinde.
   d) le repas.

4 On boit:
   a) de la bière.
   b) du vin.
   c) du champagne.
   d) du café.

5 On paye 130F pour:

6 On paye 1600F pour:
   a) des cadeaux pour les enfants.
   b) des jouets.
   c) des vêtements.
   d) des livres.

7 On achète pour les enfants   (4 marks)

EXAM TIP
Remember that the (4 marks) after question 7 means that you must write the letters of four of the pictures.

Christmas time

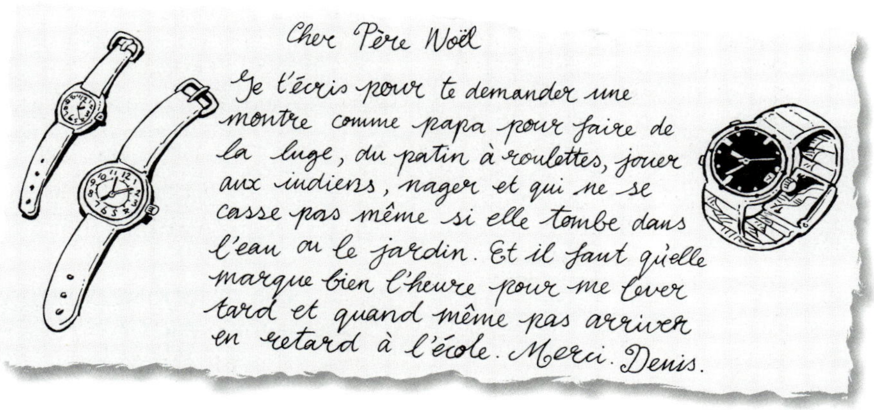

Lisez cette lettre et répondez aux questions.

A
1. Qui a écrit cette lettre?
2. Le lettre est pour qui?
3. La lettre a été écrite pendant quel mois?
4. Qu'est-ce que le jeune garçon voudrait comme cadeau?

B Choisissez les bonnes réponses.
1. Qu'est-ce que le jeune garçon voudrait faire?   (3)

2. Selon la lettre, le petit garçon veut
   a) arriver de bonne heure à l'école.
   b) arriver en retard à l'école.
   c) prendre le petit déjeuner avant de partir pour l'école.
   d) se lever de bonne heure.
   e) travailler dur à l'école.   (2)

EXAM TIP
You will quite often have to read and understand handwritten letters in your exam. Look carefully at the handwriting in this letter. Are there any letters of the alphabet which look different from the way you write them in English? Notice particularly the letters **r** and **s**. Get used to reading and understanding handwriting – you need it for your exam!

The local environment

Lisez cet article et répondez aux questions à la page 57.

Pour faire revivre les cités dortoirs

Il existe à Paris et dans la région parisienne des cités dortoirs. Ce sont des quartiers de grands immeubles tristes et pas très beaux.

Dans ces îlots la population est souvent étrangère, jeune et au chômage. Un exemple, à la cité des 4000 à la Courneuve (en Seine-Saint-Denis), 12 600 personnes y vivent. Sur ces 12 600 habitants, 30 % ont moins de 20 ans et 20 % sont des immigrés.

Dans toutes ces cités, les gens viennent le soir pour y dormir. Ils repartent le matin à leur travail.

Que font les jeunes? Ils s'ennuient. Il n'y a rien à faire dans ces cités mortes. Alors souvent, ils font des bêtises: ils volent, ils cassent. C'est ce que l'on appelle la délinquance. L'État et la région Île-de-France viennent de décider d'apporter de la joie de vivre dans ces cités dortoirs.

Des bâtiments vont être détruits, d'autres refaits. Des aires de jeux, des espaces sportifs, des clubs de théâtre, de musique, d'informatique, etc. vont voir le jour pour permettre aux jeunes de s'amuser.

A Villiers-sur-Marne et Orly des peintures murales de toutes les couleurs ont été dessinées par les enfants.

Le problème

Une Solution

Des locaux spéciaux permettent aux groupes de musique rock de s'entraîner. Des endroits sont aussi créés pour apprendre aux jeunes un métier. L'été des fêtes sont organisées.

Pour faire tout cela 561 millions de francs vont être donnés par l'État et la région. Souhaitons que la joie de vivre revienne dans ces cités dortoirs.

UNDERSTANDING WORDS

des locaux spéciaux

If you look up these words in a dictionary you won't find them! But you will find them if you remember to change the –aux at the end of both words to –al.

le local NOUN
(PL les **locaux**)
see also local ADJECTIVE
premises ◦ *Nous cherchons un local pour les répétitions.* We are looking for premises to rehearse in.

spécial ADJECTIVE
(MASC PL **spéciaux**)
[1] **special** ◦ *Qu'est-ce que tu fais ce week-end? – Rien de spécial.* What are you doing this weekend? – Nothing special.

So, remember that –**aux** is usually the plural form of words which end in –**al**, e.g.,
cheval - chevaux
hôpital - hôpitaux
animal - animaux.

EXAM TIP

You might think that this newspaper article looks difficult. In fact, it is no more dificult than other texts which you have read in this book.

Don't be put off just because it seems to contain lots of words and figures. Remember to use the illustrations to help you to understand the theme of the article. The first one shows you that this article is about the problems of living in cities. What do you think the second picture shows?

A Here is an English summary of the first four paragraphs of the article, but it contains several mistakes. Copy the summary and correct the mistakes.

> According to the article, there are many beautiful blocks of flats in the dormitory towns of Paris.
>
> The people who live there are old, but happy. Some of them have good jobs. For example, there are 12,600 people living in la Courneuve. 30 % of these people are older than 20 and 20 % are immigrants.
>
> People who live there go home, in the evening, eat and leave again for work the next morning.
>
> What do the young people do? They work. They find lots of things to do. Sometimes, however, they do stupid things, they play jokes and they break things. The State and the region of Île-de-France have decided to change things in these dormitory towns.

B In English write five things which are being done to improve life in the dormitory towns.

C Lisez ces questions et choisissez les bonnes réponses.

1. Beaucoup de jeunes qui habitent dans les cités dortoirs:
   a) travaillent dans le centre-ville.
   b) travaillent dans les cités dortoirs.
   c) travaillent à la Courneuve.
   d) ne travaillent pas.

2. Les jeunes n'aiment pas habiter dans les cités dortoirs:
   a) parce qu'il n'y a rien à faire.
   b) parce qu'il y a beaucoup de choses à faire.
   c) parce que c'est facile de trouver un emploi.
   d) parce qu'ils s'ennuient.   (2)

3. Dans les nouveaux cités dortoirs, les jeunes vont
   a) faire du sport.
   b) s'ennuyer.
   c) faire des randonnées.
   d) s'amuser.   (2)

Petit dictionnaire

l'aire *fem noun*
area

faire une bêtise *verb*
to do something stupid

casser *verb*
to break

le chômage *noun*
unemployment

créer *verb*
to create

détruire *verb*
to destroy

endroit *masc noun*
place

s'entraîner *verb*
to train

étranger (*fem sing* étrangère) *adjective*
foreign

l'immeuble *masc noun*
block of flats

la joie *noun*
joy

le métier *noun*
job

voler *verb*
to fly; to steal

permettre *verb*
to allow

refaire *verb*
to do again; to make again

souhaiter *verb*
to wish

vivre *verb*
to live

Towns

Connaissez-vous votre monde?
Lisez les questions et les réponses ci-dessous. Quelle question va avec quelle réponse?

Exemple: **1d**

LES QUESTIONS

1. Quel est le fleuve qui traverse Paris?
2. Comment s'appelle le plus haut sommet de France?
3. Le plus célèbre fabriquant de pneus français habite Clermont-Ferrand. Qui est-ce?
4. Qu'est-ce qui recouvre une grande partie du Canada?
5. Quelle est la chaîne de montagnes qui sépare la France de l'Espagne?
6. Comment s'appelle le vent du Nord froid et sec qui souffle en Provence?
7. Quel est le nom de la ville d'Italie bâtie sur l'eau?
8. Quel est le pays réputé pour son chocolat?
9. Le Loch Ness, en Écosse, a une particularité: laquelle?
10. Quelle est la plus grande chaîne de montagnes françaises?
11. Le soleil se lève-t-il à l'est ou à l'ouest?
12. Quel est le plus grand continent?

LES RÉPONSES

a. La forêt.
b. La Suisse.
c. Les Alpes.
d. La Seine.
e. Venise
f. La présence énigmatique d'un monstre.
g. L'Asie.
h. Les Pyrénées.
i. À l'est.
j. Le mistral.
k. Le mont Blanc.
l. François Michelin.

Weather

Les Blagues

A Regardez ces quatre dessins et lisez les blagues ci-dessous.
Quelle blague va avec quel dessin?

1. Tu peux acheter les maillots de bain, nous irons sûrement à la mer s'il fait beau temps!
2. Rassure-toi, c'est le Bon Dieu qui fait une photo!
3. Brr! Comme il fait froid. Même le chien porte ses bottes de neige!
4. S'il pleut beaucoup, nous serons plus rassurés que dans une caravane.
5. J'aime ses plages tranquilles et isolées.
6. – Je me demande bien s'il pleut, va voir dehors.
   – Envoie le chien! S'il rentre mouillé tu verras bien!

B Faites un dessin pour la blague **3**.

SECTION C Now test yourself!

TIPS FOR EXAM SUCCESS

If you have already worked through sections A and B, you should know the most important things you need to do in your exam. You should be able to answer all the questions below. If you have any problems, look at pages 4, 20 and 38.

1. What do you do if the questions are in English?
2. What do you do if the questions are in French?
3. How long should your answers be if the questions are in French?
4. What should you usually do before you read the text?
5. What does it mean if there is a number in brackets after the question?

1

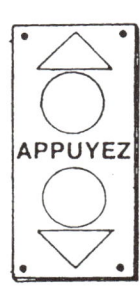

2	vêtements chaussures	pour hommes
1	vêtements chaussures	pour femmes
RC	alimentation	
S	ménager	

APPUYEZ

Vous faites des achats dans un grand magasin. C'est quel étage? Écrivez ce que vous voulez acheter avec le numéro du bon étage.

Exemple: **a** Étage 1, 2

Vous voulez acheter:

a des chaussures de sport
b un blouson pour un ami
c des sandales pour une amie
d un poulet rôti
e un tire-bouchon
f une cravate pour le père de votre correspondant

(5 marks)

Southern Examining Group, Reading, Foundation Tier

2

Vous faites des achats en ville et vous voyez ce magasin.
Écrivez en français trois choses que vous pouvez acheter ici.

CRÈMERIE
La Ferme Saint-Aubin

(3 marks)

3

Vous voulez louer des vélos. Ça coûte combien:

a Pour votre petit frère (9 ans) qui veut louer un vélo pour une heure?

b Pour votre ami (25 ans) qui veut louer un vélo tout terrain pour 3 heures entre 9 heures et midi?

c Pour vous? Vous voulez louer un vélo de 9 heures jusqu'à 5 heures.

Pour votre Détente et vos Promenades

LES CYCLES DE LA PLAGE

FACE AU POSTE DE SECOURS ET DES CABINES TÉLÉPHONIQUES

LOCATION Tous CYCLES - VÉLO - VTT etc...

à l'heure / à la 1/2 journée / à la journée

TARIF

	Heure	1/2 Journée	Journée
VÉLO	20	50	80
VTT	25	60	90
ENFANT	10		
TRICYCLE	40		

(3 marks)

Southern Examining Group, (short course) Reading, Foundation Tier

4

PRIÈRE DE NE PAS DÉPOSER DE BICYCLETTES CONTRE CE MUR

Qu'est-ce que cela veut dire? Écrivez la lettre de la bonne réponse.

a Tu ne dois pas laisser ton vélo ici.
b Tu peux laisser ton vélo ici.
c Tu dois mettre ton vélo contre le mur.

(1 mark)

London Examinations(ULEAC) Reading and Responding, Foundation Tier

Exam questions

5

> **Champagne Louis Reoderer – Reims 21 Bd Lundy**
>
> ## St SYLVESTRE
>
> **550F** TOUT COMPRIS   31 Décembre
> 1 bouteille de Champagne pour 2
> Enfant moins de 13 ans **250F**
>
> **DINER**
> Apéritif d'accueil
> Croque en bouche
> MENU
> Foie gras aux figues
> et aux pruneaux
> Langouste princesse
> en bellevue de le Méditérranée
> Canard et sa
> garniture tomate,
> haricots verts, pommes frites
> Fromages de France
> Chariots de desserts
> Café Brésilien
> Soupe à l'oignon
>
> **SPECTACLE**
> *de 22 heures à minuit*
> **HUBERT WING**
> MAGICIEN
> **ALCYDE**
> IMITATEUR FANTAISISTE
> **COMPAGNIE DE DANSE DES 2 ARTS**
> corps de ballet
> 7 Danseuses
> **VICTOR VASSILIEF**
> *du PARADIS LATIN*

Regarde cette announce et réponds aux questions.

   a Quelle est la date de la fête? (1)
   b Ça coûte combien pour un enfant? (1)
   c Comment s'appelle le magicien? (1)
   d Il y a quels légumes pour le dîner? (1)
   e Le spectacle finit à quelle heure? (1)

   (5 marks)

Welsh Joint Education Committee, Reading and Responding, Foundation Tier

6
Regardez cette publicité.

> **Bienvenue à Beaumont-du-Périgord**
> avec
> ...... son ancienne église
> ...... son musée de peinture
> ...... sa patinoire olympique
> ...... sa piscine chauffée
> ...... sa bibliothèque moderne
> ...... ses rues piétonnes
> ...... son parking gratuit
> et tous ses commerces

   a Donnez deux endroits où on peut aller pour faire du sport. (2)
   b Identifiez un endroit où vous pouvez
      (i) laisser la voiture (1)
      (ii) un bâtiment où vous pouvez lire et consulter un livre. (1)

Northern Ireland Council for the Curriculum Examinations and Assessment, Reading and Responding, Foundation Tier

7

Pour valider votre billet compostez-le

You see this sign at the station. What important infomation is it giving you? **(1 mark)**

8

Regardez le plan de Boulogne-sur-Mer.
Pour chaque description, écrivez la lettre appropriée.

Exemple:
Ce cinéma est près du Parking Central   I

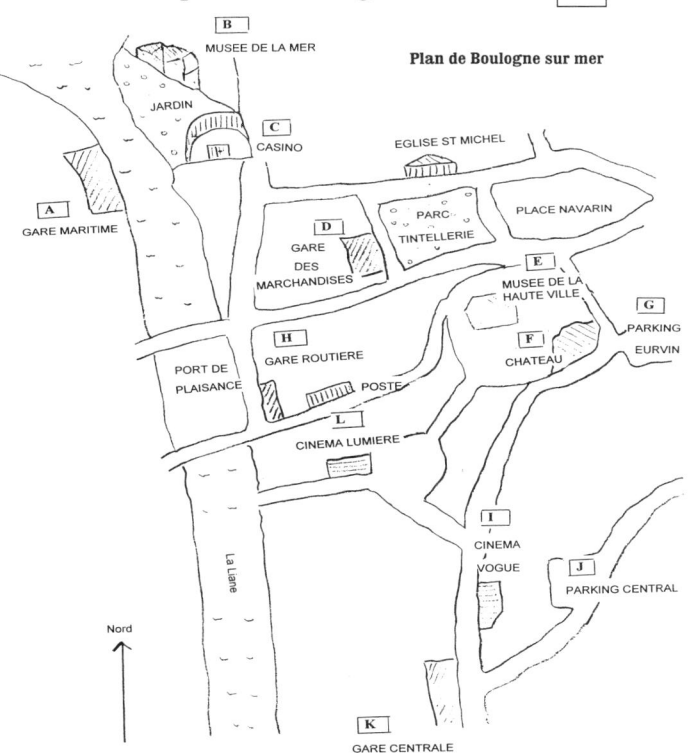

a Cette gare est tous près du parc.
b Ce musée est à côté du château.
c Cette gare est en face du casino.
d Ce parking est près du château.
e Ce musée est dans le nord de la ville.
f Cette gare est à gauche de la poste.
g Cette gare est dans le sud de la ville.

[7 marks]

Midland Examining Group, Reading, Foundation Tier

SECTION D
Advertising

Un Appareil baptisé "Walkman"

Il est né de l'imagination du président de la firme Sony, en 1979. Aito Morita, passionné de golf, voulait pratiquer son sport favori **en écoutant** de la musique. Alors, il a inventé un appareil baptisé "walkman".

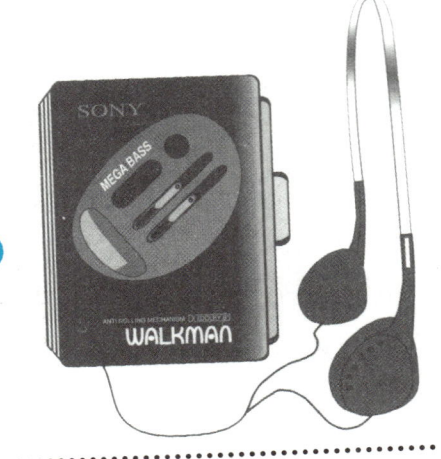

You read this short article about the walkman in a magazine. Why did Aito Morita invent the walkman?

UNDERSTANDING WORDS

en écoutant

You may already know that **–ing** is the equivalent for the French **–ant** when used at the end of a verb, e.g., **écoutant** = listening **charmant** = charming.

When you use **en** in front of a verb ending in **–ant**, it means **while** or **by**. You must use the context to work out which of these it means each time. Try it with these sentences:
a) Il a fait sa fortune **en charmant** les gens riches.
b) Il joue au golf **en écoutant** de la musique.

Take note

A
You are visiting a museum and see this sign. What does it tell you?

Il est interdit de photographier avec un flash

B
Vous attendez à la gare et vous voyez ce panneau.
Lisez les informations sur le panneau et regardez les symboles. Écrivez la lettre du symbole qui va avec le panneau.

VIGIPIRATE
POUR RAISON DE SECURITE

LES CONSIGNES AUTOMATIQUES ET MANUELLES

SONT FERMEES

MERCI DE VOTRE COMPREHENSION

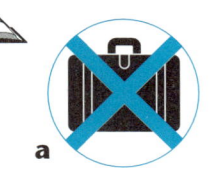

a 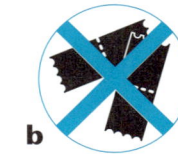 b   c  d

Disneyland publicity

Lisez cette publicité pour Disneyland en français. Recopiez et complétez la publicité en anglais.

D'aventure en aventure, chaque seconde est émerveillement, émotion, surprise et dépaysement.

Il était une fois … vos contes préférés s'animent, vous êtes accueillis par Blanche-Neige, Mickey, invités par Alice à un thé enchanté. Le Mark Twain remonte le Mississippi. "It's a Small World" vous entraîne dans un univers habité par des poupées du monde entier, vous vivez en plein rêve … La Caravane d'Aladdin vous plonge dans les 1001 fastes de l'Orient, tandis qu'avec "les Pirates des Caraïbes" vous voguez vers des rivages dangereux. Entre toutes ces aventures et voyages, vous vous sentez portés par la curiosité de tout connaître de ce monde où chaque instant est étonnement.

Petit dictionnaire

accueillir verb
to welcome

connaître verb
to know

entraîner verb
to lead; to train

étonnant adjective
surprising

étonner verb
to surprise

la poupée noun
doll

sentir verb
to feel

tandis que conjunction
while

Adventure upon adventure, every second brings the wonder, excitement and surprise of strange surroundings.

Once upon a time … your favourite _____ come to life, you are _____ by Snow White and Mickey Mouse, you are _____ to Alice in Wonderland's _____. The "Mark Twain" chugs along the Mississippi. "It's a Small World" _____ you into a universe _____ by _____ from all over the world, you live in a dream world … Aladdin's Caravan plunges you into the 1,001 splendours of the Orient, while with "the _____", you sail towards _____ shores. Amidst all these _____ and _____, you feel yourself transported by _____ to find out everything about this world where every moment is _____ .

© Disney

UNDERSTANDING WORDS

This text may look quite difficult, but you will be able to understand it if you use your general knowledge of Disney stories.

enchanté

You will also find many words in the text which look like English words. You should be able to work out the meaning of:
enchanté
habité
dangereux
aventures
voyages
curiosité.

étonnement

There are patterns in French for word construction: If you know these patterns, it is easier to work out what words mean.
Many nouns are made by adding **–ment** to verbs, e.g,
commencer = to begin
le commencement = the beginning
renseigner = to inform
les renseignements = information

Use this pattern to work out what the underlined nouns below mean:
étonner = to surprise
l'étonnement
remercier = to thank
mes remerciements

D 65

Advertising

LA PUB ENTRE À L'ÉCOLE

Aux États-Unis, la publicité est utilisée dans les classes. Du moins pour 8 millions d'élèves, dont les cours sont hachés quotidiennement par des spots publicitaires. Et pas question de "zapper"!

Sur l'écran s'affichent les logos "MacDo" et "Pepsi". Puis des phrases: *"J'aime le cheese-burger de chez MacDonald. J'aime acheter et boire un Pepsi"*. Une élève de 8 ans lit les phrases à haute voix. L'institutrice s'approche: "Que signifie "acheter"?" Plusieurs écoliers lèvent la main, prêts à répondre. . . .

La faute à "E.T."

Dans la classe voisine, le cours de maths porte sur la notion de volume. Un film vidéo montre que le volume de la pizza "X" est (supérieur) à celui de ses concurrentes, pour un prix inférieur. Toutes les deux phrases la pizza "X" est citée. À l'étage supérieur, cours de français. Toute la classe suit un programme à distance, accessible sur Internet. Là, c'est une marque de jouets qui sert de support au cours.

Fiction? Non. Il s'agit en effet de la réalité quotidienne de 8 millions de collégiens et lycéens américains!

La faute à qui? La faute à "E.T.", le célèbre film de Steven Spielberg réalisé en 1982. Sur l'écran, on voyait l'extra-terrestre se gaver de bonbons "Rees's pieces". Dans les semaines qui suivirent la sortie du film, la vente de ces sucreries augmenta de . . . 65%! Idem avec les Tortues Ninja, amateurs de pizza "Domino" qui virent leurs ventes augmenter de près de 80% en quelques semaines . . . Les nouveaux clients de ces produits: les moins de 16 ans.

Du coup, certains publicitaires américains ont estimé qu'il serait efficace d'habituer les enfants dès leur plus jeune âge aux produits qu'ils sont chargés de vendre. C'est ainsi que nombre d'écoles se sont vu offrir du matériel informatique, des magnétoscopes, TV. . . gratuitement, à condition que certains spots publicitaires soient diffusés chaque jour en classe!

Read this article about advertising in school and answer, in English, the questions on page 67.

UNDERSTANDING WORDS

supérieur

Words which end in **–eur** in French, often end in **–our**, or **–er** in English, e.g.
un boxeur = a boxer
un empereur = an emperor
la vigueur = vigour

Use this knowledge to work out the meaning of:
supérieur
inférieur
employeur

Petit dictionnaire

augmenter *verb*
to increase

chargé *adjective*
responsible; full

la concurrente *noun*
competitor

l'écran *masc noun*
screen

efficace *adjective*
efficient; effective

se gaver *verb*
to stuff oneself with

gratuitement *adverb*
free of charge

habituer quelq'un *verb*
to get someone used to
(à faire quelque chose)
(doing something)

hacher *verb*
to break into; to chop

à haute voix
aloud

la pub *noun*
advertising

suivre *verb*
to follow

vendre *verb*
to sell

la vente *noun*
sale

A

1. Two phrases appear on screen after the logos for "Macdo" and "Pepsi". Translate these two phrases into English.
2. What does the eight year old child have to do with the two phrases in class?
3. What question does the teacher ask the class about the phrases?
4. What is the topic of the maths lesson?
5. How is a pizza used to illustrate the maths' topic?
6. What type of product sponsors the French lesson?
7. In which schools does all this advertising take place?
8. In the film of the same name, E.T. ate lots of sweets called "Rees's pieces". What happened as a result of this?
9. How did the Ninja Turtles affect the sales of Domino pizzas?
10. Who were the main buyers of Rees's sweets and Domino pizzas?
11. What sort of free gifts do schools receive?
12. What does the school have to agree to do in exchange for the free gifts?

B

Try to make up adverts in French to help you to remember some useful phrases for your exam.

Example

J'ai été dans un café. J'ai bu un Orangina.
C'est comme un jus d'orange.
C'est super!

Here are some things which you could "advertise".

C

Now look at the advert in this shop window. What two things does it tell you?

Careers advice

APPRENEZ CHEZ VOUS LE MÉTIER QUI VOUS PLAÎT

Auxiliaire de jardins d'enfants:
Organisez les jeux, les activités des enfants et éveillez par votre amour leur sensibilité.

Infirmière:
Travail au sein d'une équipe médicale, profession indépendante, spécialisations multiples, le métier d'infirmière vous ouvre de nombreux horizons.

Hôtesse du tourisme:
Voyages, vacances: travaillez dans une ambiance agréable en faisant valoir votre personnalité.

Hôtesse de l'air:
Pour que votre rêve devienne réalité, préparez-vous activement aux tests et entretiens organisés par les compagnies aériennes (niveau bac nécessaire).

Éducatrice sportive:
(Brevet d'État) Vous êtes sportive, le travail de plein air vous attire? Préparez le brevet d'état et accédez ensuite au monitorat (tennis, natation, etc.)

Dactylo standardiste:
Sachez mettre à profit le développement du téléphone, pour acquérir une qualification porteuse d'avenir.

Fleuriste:
À l'heure de l'industrie et de l'automatisation, prenez le temps de vivre et restez au contact de la nature.

UNDERSTANDING WORDS

la sensibilité

If you have completed sections A–C, you will have learnt many ways of using the similarities between French and English words to work out the meaning of an unfamiliar French word. But you always need to be careful as, occasionally, you will meet French words which look like English words but which mean something different. Here are some words to beware of:

French	English
sensible	sensitive
sensibilité	sensitivity
large	wide
expérimenté	experienced
actuellement	at the moment
les relations	contacts

So always remember to look carefully at the context when trying to work out the meaning of a word: make sure that what you write makes sense.

A Lisez ces informations sur les emplois et regardez les dessins. Quel dessin va avec quel emploi? Écrivez la lettre du dessin et le métier qui correspond.

Exemple
a. **Hôtesse du tourisme – c.**

B Écrivez l'emploi idéal pour les filles ci-dessous. Attention! Il n'y a pas d'emploi idéal pour deux de ces filles.

1. **Julie** aime aller à l'étranger.
2. **Suzanne** sait très bien nager.
3. **Virginie** voudrait travailler dans un bureau.
4. La matière préférée d'**Anne**, c'est le dessin.
5. **Thérèse** voudrait travailler avec les animaux.
6. **Camille** aime travailler avec les enfants, mais elle ne voudrait pas devenir prof.
7. **Marie** voudrait travailler dans un hôpital.
8. **Sophie** aime les maths.

68 **D**

A new job

Elle quitte son poste de secrétaire pour devenir la reine du rail

Aux USA, Susan Bowlus est une des rares femmes à exercer le métier de conductrice de train.

Née en Californie, Susan a débuté sa carrière comme secrétaire dans un cabinet d'avocats. Mais très vite lassée des "robes noires", elle a réussi à trouver un emploi dans la plus grande compagnie américaine de chemins de fer, la Southern Pacific Railroad Company.

D'abord mécanicienne, Susan a vérifié bielles et pistons, sous les regards amusés de ses collègues masculins. Bientôt, elle est montée en grade, et est devenue conductrice. Maintenant elle prend la charge des locomotives les plus sophistiquées! Aux commandes d'un convoi de marchandises long de plus de trois kilomètres, Susan ne pourrait pas être plus heureuse!

Mais cette jeune femme a d'autres talents. Entre ses voyages, Susan est photographe de mode et a même réussi à gagner plusieurs premiers prix. Une chose est sûre: elle n'a pas le temps de s'ennuyer.

Lisez cet article.
Lisez les questions et écrivez la lettre de la bonne réponse.

1 Susan habite:
  a) au Canada.
  b) en France.
  c) aux États-Unis.
  d) en Grande-Bretagne.

2 Le premier emploi de Susan était comme:
  a) conductrice de train.
  b) avocate.
  c) secrétaire.
  d) mécanicienne.

3 Elle a quitté son premier emploi:
  a) très vite.
  b) immédiatement.
  c) après dix ans.
  d) après cinq ans.

4 Son premier emploi dans la compagnie des chemins de fer était comme:
  a) secrétaire.
  b) reine.
  c) mécanicienne.
  d) conductrice.

5 Susan est maintenant conductrice:
  a) de train.
  b) d'autobus.
  c) de car.
  d) de taxi

6 Susan:
  a) n'aime pas ce travail.
  b) déteste ce travail.
  c) adore ce travail.
  d) aime un peu ce travail.

7 Susan travaille aussi:
  a) dans un magasin.
  b) comme photographe.
  c) dans un bureau.
  d) pour une autre compagnie de chemins de fer.

UNDERSTANDING WORDS

conductrice

This is the feminine of **conducteur** (a driver). To make the feminine form, many French words change **–eur** to **–rice**, e.g.

un moniteur
  instructor
une monitrice
  instructress
un directeur
  headmaster
une directrice
  headmistress

mécanicienne

This is the feminine of **mécanicien** (a mechanic) and illustrates another common way of making feminine words, by changing **–ien** to **–ienne**, e.g.,

un informaticien
une informaticienne
  computer operator
un technicien
une technicienne
  technician
un électricien
une électricienne.
  electrician

Careers

Lisez ce test adressé aux jeunes filles et répondez aux questions. Notez les lettres de vos réponses. Puis regardez la page **71** pour découvrir si vous avez les qualités nécessaires pour devenir une star.

Peux-tu devenir une vraie star?

Il ne suffit pas de rêver de la célébrité pour devenir une star. Il faut une volonté de fer et bien d'autres atouts. Possèdes-tu les qualités nécessaires? As-tu l'étoffe d'une star? C'est ce que tu vas découvrir grâce à ce test.

1 Tu apprends qu'un directeur de casting recherche une fille dans ton genre pour un premier rôle:
a tu n'hésites pas une minute et tu fonces
b tu penses n'avoir aucune chance car tu n'as aucune formation d'actrice
c tu te renseignes sur le metteur en scène avant d'y aller pour adapter ton style

2 Pour réussir une carrière artistique, quelles sont les qualités principales requises?
a être belle, bien fichue et ne pas avoir froid aux yeux
b être dynamique, débrouillarde et capable de beaucoup travailler
c avoir un maximum de relations

3 Quand les autres te critiquent:
a tu es capable de te remettre en question si la critique est justifiée
b tu te moques totalement de l'avis des autres
c cela renforce ton manque d'assurance et de confiance en toi

4 Qu'est-ce qui t'attire le plus dans le métier de star?
a avoir ta photo à la une de tous les magazines
b pouvoir exprimer les multiples personnalités qui sont en toi
c être immensément riche

5 Si tu rencontrais ta star préférée, que lui dirais-tu?
a "Je vous admire plus que tout au monde."
b "Avec qui sortez-vous en ce moment?"
c "Trouvez-moi un petit rôle dans votre prochain film."

6 Quelle est ta priorité pour l'avenir?
a réussir d'abord ta carrière professionnelle
b faire taire tous ceux qui t'ont sous-estimée
c réussir ta vie affective et sentimentale

7 Le pire supplice pour toi ce serait . . .
a d'être obligée de tourner nue dans un film
b de te retrouver toute seule sur une île déserte
c de faire toute ta vie de la figuration

UNDERSTANDING WORDS

découvrir

When a French word starts with **dé–**, you can often find the English equivalent by changing **dé–** to **dis–**, e.g.
décourager = to discourage
dégoûter = to disgust

Use this to work out what the following words mean:
a) découvrir
b) déguiser
c) un désavantage.

Petit dictionnaire

aucun *adjective*
no

attirer *verb*
to attract

l'avenir *masc noun*
future

l'avis *masc noun*
opinion

devenir *verb*
to become

exprimer *verb*
to express

(faire de) la figuration *verb*
to do walk-on parts

foncer *verb*
to tear along; to rush

le manque de *noun*
lack of

nu *adjective*
naked

pire *adjective*
worst

rêver *verb*
to dream

réussir *verb*
to succeed

le supplice *noun*
torture

supporter *verb*
to stand; tolerate

taire *verb*
to stop talking

COMPTE TES POINTS

1 point pour chacune des réponses 1a–2c–3b–4a–5a–6b–7b
2 points pour chacune des réponses 1c–2b–3a–4b–5c–6a–7c
3 points pour chacune des réponses 1b–2a–3c–4c–5b–6c–7a

TU OBTIENS DE 7 À 10 POINTS

Tu es attirée par le côté brillant et clinquant de la vie des stars: les lumières, les flashes, tout le luxe et la vie facile. Mais ce n'est que le côté superficiel, la partie visible de l'iceberg! Tu ne supportes pas assez la critique pour assumer une carrière artistique. It te manque la volonté et la persévérance. Ne rêve pas: aucune fée ne peut venir te sacrer star d'un coup de baguette magique. Il faut être terriblement déterminée et prête à se battre. Or toi, tu préfères rêver... Si vraiment tu veux réussir, il va falloir que tu te bouges vraiment!

TU OBTIENS DE 11 À 16 POINTS

Bravo, tu es une vraie graine de star! Tu adores attirer l'attention sur toi, mais tu le fais d'une façon intéressante. Ta personnalité forte et originale fait de toi un centre d'intérêt et tous les regards convergent vers toi naturellement. Tu travailles ton look avec originalité: tu sais ce qui te va. Depuis ton enfance, tu as le sens du théâtre. Ton besoin d'être regardée et admirée t'a permis de développer ton style. Tu es énergique et courageuse, le travail et l'investissement personnel ne te font pas peur, si la réussite est au bout. Inscris-toi vite à un cours de théâtre: laisse sortir ce que tu as à exprimer, et bonne chance!

TU OBTIENS DE 17 À 21 POINTS

Devenir star, ce n'est pas du tout ton truc! Tu n'aurais pas le courage d'affronter les foules en délire. La compétition te déplaît et tu ne te vois pas exposée à la médisance des gens! Ce que tu attends de la vie, c'est vivre un bel amour, une relation romantique et passionnée. Alors, les scandales, les ruptures, les réconciliations, tout ce qui fait la vie sentimentale des stars, ce n'est pas pour toi! Tu ne supporterais vraiment pas d'apprendre par les journaux que ton petit ami sort avec une autre! Tu préfères lire les articles des magazines et admirer de loin tes stars préférées.

A Lisez les résultats pour vous. Pouvez-vous devenir une vraie star?

B Lisez tous les résultats et les phrases ci-dessous. Pour chaque phrase, écrivez:
  a) vrai
  b) faux
  c) on ne sait pas

7 à 10 POINTS
1 Tu voudrais être une star.
2 Tu aimerais la vie luxurieuse.
3 Tu n'aimerais pas la vie facile.
4 Tu as beaucoup de persévérance.
5 Il faut travailler très dur pour devenir une star.
6 Tu as beaucoup d'argent.
7 Tu n'aimes pas travailler très dur, tu préfères rêver.
8 Tu veux réussir mais sans beaucoup de travail.

11 à 16 POINTS
1 Tu pourrais devenir une vraie star.
2 Tu n'aimes pas l'attention sur toi.
3 Tu n'es pas très forte.
4 On te trouve intéressante.
5 Tu aimes le théâtre.
6 Ta matière préférée, c'est l'anglais.
7 Tu as beaucoup d'énergie.

17 à 21 POINTS
1 Pour toi, devenir une star, c'est facile.
2 Tu as beaucoup de courage.
3 Tu as beaucoup d'amis.
4 Tu es énergique.
5 Tu n'aimes pas les scandales.

C Three English-speaking teenagers do this test. For each of them, write a short summary to explain what their scores mean.
  1 Anne scores 14 points.
  2 John scores 9 points.
  3 Becky scores 18 points

Useful numbers

Vos Numéros de Téléphone Utiles

Médecin:	43	23	64	98
Vétérinaire:	46	48	60	31
Réveil téléphonique:	47	63	74	21
Coiffeur:	47	54	07	83
Météo:	42	24	10	49
Gare:	45	83	56	41
Et votre restaurant favori:	48	90	71	36

A Lisez ces informations et les numéros de téléphone. Puis lisez les phrases et les numéros de téléphone ci-dessous. Pour chaque phrase, le numéro de téléphone n'est pas correct.
Corrigez les numéros de téléphone.
Exemple
Votre ami voudrait se faire couper les cheveux. Il faut appeler le 46 48 60 31.
Il faut appeler le 47 54 07 83.

1 Votre ami voudrait se lever de bonne heure. Il faut appeler le 45 83 56 41.
2 Vous voulez des renseignements sur les trains pour Lyon. Il faut appeler le 43 23 64 98.
3 Demain, vous voulez faire une randonnée, mais vous ne savez pas s'il va pleuvoir. Il faut appeler le 48 90 71 36.
4 Vous voulez manger en ville. Il faut appeler le 47 54 07 83.
5 Vous vous sentez malade. Il faut appeler le 47 63 74 21.

B Lisez cet article à droite et les phrases ci-dessous. Pour chaque phrase, écrivez: a) vrai b) faux c) on ne sait pas.

1 C'est un service qui donne des renseignements aux jeunes.
2 Le service est ouvert le mardi à dix heures.
3 Le service est ouvert tous les jours de la semaine.
4 Le service est fermé le samedi après-midi.
5 Le service coûte très cher.

C Écrivez la lettre des bonnes réponses.
Des spécialistes donnent des renseignements sur:

Brève
Allô, info jeunes?

Mis en place par le ministère de la Jeunesse et des Sports avec le concours du Réseau information jeunesse, ce service de renseignements téléphoniques (Fil info jeunes: [1] 47.87.05.05), ouvert du lundi au vendredi de 9 h à 18 h, et le samedi de 9 h à 13 h, répond à toutes les questions que les jeunes peuvent se poser sur leur vie quotidienne et leurs choix d'avenir. Des spécialistes les renseignent sur les loisirs, les sports, l'emploi, la formation, le logement, etc. En dehors des heures ouvrables, vous obtiendrez les coordonnées du Centre RIJ le plus proche de chez vous.

SECTION D Now test yourself!

TIPS FOR EXAM SUCCESS

Remember: You do not need to understand every word of the text to answer the questions.

Use the strategies which you have learnt to help you to understand unfamiliar words. Do not use your dictionary more than you have to.

1
You read a short article where young people describe the jobs they'd like to do.

> **Christine**
> J'aimerais partir en Afrique, découvrir des rivières et des forêts.
>
> **Olivier**
> J'aimerais travailler avec les voitures.
>
> **Aline**
> J'aimerais faire des reportages pour un journal.
>
> **Marc**
> J'aimerais opérer des gens et réparer les os cassés.

You have to match the people to the jobs. Write the person's name together with the job he or she would like to do.

a Surgeon
b Journalist
c Mechanic
d Explorer.   **(4 marks)**

Scottish Certificate Of Education, Standard Grade, Reading, Foundation Level

2
Complétez les phrases.
Exemple L'infirmière soigne les malades à l'hôpital.

l'infirmière	vend des provisions
le facteur	travaille à l'ordinateur
l'informaticien	vend des médicaments
le pharmacien	soigne les malades à l'hôpital
l'épicier	apporte des lettres aux maisons

(4 marks)

Northern Ireland Council for the Curriculum Examinations and Assessment, Reading and Responding, Higher Tier

Exam questions

3

Quel numéro faut-il composer? Écrivez la lettre de la phrase avec le bon numéro.

Exemple a = le 16

Quelques numéros utiles	
Services de la Carte France Télécom (voir pages 56 et 98)	
Annuaire électronique	11
Renseignements	12
Dérangements	13
Agence Commerciale France Télécom	14
SAMU	15
Interurbain	16
Police	17
Pompiers	18
Communications par opérateur, dérangements internationaux	19.33 + indicatif du pays*
Renseignements Internationaux	19.33.12 + indicatif du pays*

a Je veux appeler Marseille de Paris.
b Le téléphone ne marche pas.
c Une voiture a pris feu.
d Je veux chercher un numéro sur Minitel.
e Je voudrais savoir un numéro en Angleterre.
f Je voudrais savoir un détail.
g On a volé ma valise.

(6 marks)

Northern Examinations and Assessment Board, Reading, Foundation Tier

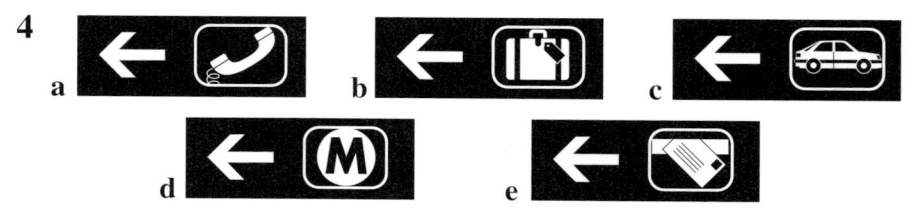

4

Regardez ces panneaux. Quel titre va avec quel panneau? Écrivez la lettre du panneau avec le numéro du bon titre.
1 Bagages
2 La Poste
3 Location de voitures
4 Téléphone

(4 marks)

5

Lisez la lettre et comparez-la avec le formulaire ci-dessous. Recopiez le formulaire et corrigez les erreurs.

> Toulouse, le 6 mai
>
> Monsieur, Madame
>
> Je voudrais poser ma candidature pour le poste de serveuse dans votre restaurant.
>
> Je m'appelle Anne Bernard. J'ai seize ans et demi et j'habite 18 rue de la Gare, à Toulouse. Je suis de nationalité française.
>
> Au collège, j'étudie le français, les sciences, les maths, l'anglais, l'italien et l'histoire-géo.
>
> Je suis patiente, travailleuse et ouverte. J'aime lire, faire de la natation, de la danse et de la marche. J'ai déjà travaillé dans un café pendant les vacances scolaires.
>
> Veuillez agréer, Monsieur/Madame l'expression de mes sentiments les meilleurs.

NOM: Anne
PRÉNOMS: Bernard
ÂGE: 16 ans
ADRESSE: 18 rue de la Gare, Toulouse
NATIONALITÉ: française
LANGUES PARLÉES: anglais, espagnol
PASSE-TEMPS: la lecture, la danse, les promenades et l'équitation.
EXPÉRIENCE PROFESSIONNELLE: pas d'expérience

(5 marks)

6

Quel travail va avec quelle phrase? Écrivez la lettre de la phrase avec le numéro du métier qui correspond. Attention! Utilisez les numéros une fois seulement.

La liste

1. Agent de police
2. Agriculteur
3. Chauffeur de taxi
4. Comptable
5. Employé(e) de banque
6. Infirmier/ère
7. Mécanicien/ne
8. Professeur
9. Secrétaire
10. Vendeur/se

A Je voudrais travailler avec les jeunes.
B J'aimerais surtout un travail en plein air.
C J'aime bien les maths et les chiffres.
D J'aimerais utiliser mes mains dans mon travail.
E Moi, je voudrais surtout aider les gens.
F J'aimerais travailler dans un grand magasin.
G Je voudrais voyager beaucoup pour mon travail.
H Pour moi, un travail de bureau serait bien.

Exemple A8

Northern Examination and Assessment Board, Reading, Foundation Tier

7

You see this photo in town. What job is being advertised?

RECHERCHE VENDEUSE QUALIFIÉE

SECTION E

Holiday greetings

1

Salut!
  Je suis en vacances, en Grèce. L'hôtel est super et je mange bien. Il fait très chaud. Hier, j'ai visité des ruines anciennes. C'était très intéressant.
  À bientôt,
    Claude.

2

Salut!
Nous sommes à Nice et c'est super! Il fait beau tous les jours. Nous avons loué un appartement sur *une place* près de la plage et on s'amuse bien. Pendant la journée, on *se bronze* sur la plage et le soir on mange au restaurant et on va en disco.
Bises,
Pierre-Loup.

3

Salut!
  Des vacances affreuses! Une longue excursion *en car* avec les parents. On visite 7 pays en 10 jours et, bien sûr, on ne voit rien et on s'ennuie. Et, en plus, il ne fait pas beau.
  Au secours!
    Suzanne

4

Salut!
  Il pleut presque tout le temps en montagne mais on passe des *journées* fantastiques! On va d'une auberge à l'autre et j'ai beaucoup de nouveaux amis. L'année prochaine, viens avec moi!
  Bises,
    Hélène.

UNDERSTANDING WORDS

In these postcards, there are some more words which look like English words but which mean something different.

une place = a square in town

se bronzer = to sunbathe

la journée = the day
en car = by coach

A Lisez ces cartes postales et regardez les dessins à droite. Quelle carte postale va avec quel dessin? Écrivez le numéro de la carte postale et la lettre du dessin qui correspond.

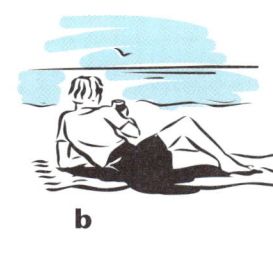

B Répondez aux questions.
1. Où est-ce que Claude passe ses vacances?
2. Quel temps fait-il?
3. Qu'est-ce qu'il pense de sa visite aux ruines anciennes?
4. Où se trouve exactement l'appartement que Pierre-Loup a loué?
5. Qu'est-ce qu'il fait sur la plage?
6. Où va-t-il, le soir?
7. Comment Suzanne voyage-t-elle?
8. Est-ce qu'elle est contente? Pourquoi? Pourquoi pas?
9. Où Hélène passe-t-elle ses vacances?
10. Pourquoi aime-t-elle ses vacances?

E 77

A year out

You read about a group of people who are going to spend a very unusual year.

UNE ANNÉE SCOLAIRE PAS COMME LES AUTRES

Le 3 octobre, un groupe de jeunes Françaises et Français, âgés de 14 à 15 ans, va embarquer pour un tour du monde, accompagné de Jean-Pierre, l'animateur de l'association, *Les enfants du voyage*.

«J'ai envie de voyager, de voir comment les gens vivent dans d'autres pays du monde,» explique Yohann, un membre du groupe. «Et c'est bon pour apprendre des langues!»

a This school year will be very unusual for the young people in the article. Explain why.

b Why is Yohann looking forward to this school year? Mention two things.

UNDERSTANDING WORDS

There are lots of words in this first text which you can easily understand by using these rules, some of which you may have met earlier:

octobre, membre
(French word ends **–re**; English word ends **–er**).

embarquer
(French word ends **–quer**; English word ends **–k**).

accompagné, âgé
(French word ends **–é**; English word ends **–ed**).

voyager
(French word ends **–er**; English word ends **–e**).

Tourism

You are interested in this trip. Read the information and answer the questions in English.

1 What must you do to get a reduction on your ticket?

2 What reduction do you get?

3 On what sort of ticket can you get this reduction?

5F DE RÉDUCTION
sur présentation de ce prospectus aux guichets.
Réduction sur le plein Tarif adulte.
Réduction non cumulable.

CROISIÈRE SUR LA SEINE

VEDETTES PONT-NEUF

SQUARE DU VERT-GALANT - PARIS 1er

Tél.: 46 33 98 38

Métro et parking:
PONT-NEUF ou LOUVRES
RER: CHÂTELET

Bus: 24-27-72-74
75-58-67-70
STOP: PONT-NEUF

SNACK BAR ■ BOUTIQUE
SOUVENIRS
SUR L'EMBARCADÈRE

78 E

Holidays

LES GRANDES VACANCES

88% des Français qui partent en vacances restent en France, et 12% vont à l'étranger.

* * *

41% considèrent que les vacances sont un moment privilégié pour voyager, 36% pour profiter de leur famille, 21% pour ne rien faire.

* * *

11% disent que les vacances sont pour faire du sport et 2% pour avoir des aventures amoureuses.

Lisez cet article. Recopiez et complétez les phrases.

a .... % des Français passent leurs vacances en France.
b .... % aiment les vacances actives.
c .... % n'aiment pas faire beaucoup de choses pendant les vacances.
d .... % ne restent pas en France.
e .... % aiment aller voir leurs parents.
f .... % espèrent trouver un(e) ami(e) pendant les vacances.

Camping

ST–CAST–LE GUILDO
passez vos vacances dans le calme
CAMPING LES BLÉS D'OR
──────── 2 étoiles ────────
Tél. 96 41 94 61
ouvert de Pâques à octobre
situé à 700m de la plage

- Centre ville à 1km
- Salle de jeux
- Vue sur mer
- Produits de la ferme
- Douches chaudes
- Branchement électrique pour caravane

Lisez ce dépliant sur un camping en France. Puis lisez les phrases ci-dessous et choisissez les bonnes réponses.

1 Le camping est:
  a loin d'une plage.
  b près d'une plage.
  c dans le centre-ville.
  d à la campagne.

2 Le camping est ouvert:
  a pendant toute l'année.
  b en hiver.
  c à Noël.
  d en été.

3 Dans le camping, on peut:
  a se baigner.
  b prendre une douche.
  c se faire couper les cheveux.
  d manger dans un restaurant.

4 Dans le camping, on peut:
  a faire des courses.
  b acheter des vêtements.
  c voir des animaux.
  d nager dans la mer.

Concessions

ARGENT
À VOS CARTES, PRÊTS PARTEZ !

Pourquoi payer au prix fort le cinéma, l'avion ou la pharmacie, quand une panoplie complète de cartes "jeunes" vous donnent droit à des réductions ? En voici quelques-unes, parmi les plus avantageuses.

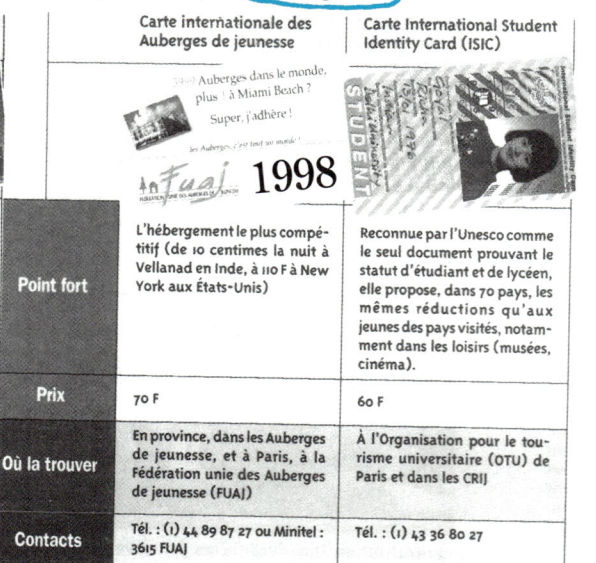

	Carte Jeunes	Carte France Télécom jeunes
Point fort	La plus complète : sport, culture, consommation, transport, santé. Au total, près de 300 partenaires	L'appel de 10 numéros présélectionnés en France et à l'étranger, à partir de n'importe quelle cabine ou téléphone privé
Prix	120 F	Abonnement gratuit les deux premières années. Les communications sont facturées à vos parents, sous réserve de leur accord
Où la trouver	Dans les centres régionaux d'information jeunesse (CRIJ) et les agences de mutuelles étudiantes	Dans les agences France Télécom
Contacts	Minitel 3615 Carte Jeunes ou audiotel 36 67 12 26	Tél. : le 14 (appel gratuit)

	Carte internationale des Auberges de jeunesse	Carte International Student Identity Card (ISIC)
Point fort	L'hébergement le plus compétitif (de 10 centimes la nuit à Vellanad en Inde, à 110 F à New York aux États-Unis)	Reconnue par l'Unesco comme le seul document prouvant le statut d'étudiant et de lycéen, elle propose, dans 70 pays, les mêmes réductions qu'aux jeunes des pays visités, notamment dans les loisirs (musées, cinéma).
Prix	70 F	60 F
Où la trouver	En province, dans les Auberges de jeunesse, et à Paris, à la Fédération unie des Auberges de jeunesse (FUAJ)	À l'Organisation pour le tourisme universitaire (OTU) de Paris et dans les CRIJ
Contacts	Tél. : (1) 44 89 87 27 ou Minitel 3615 FUAJ	Tél. : (1) 43 36 80 27

UNDERSTANDING WORDS

Use rules you may have learnt before to understand words such as:

avantage, avantageux

The English equivalent can often be found by inserting a **–d:**, for example, **aventure, avance, juge;**
The French ending **–eux** often becomes **–ous** in English.

Lisez ces informations et répondez aux questions.

Quelles cartes?
Lisez les phrases et écrivez le nom de la bonne carte.
Exemple
Cette carte coûte 120 F   Carte Jeunes

1 Avec cette carte, vous pouvez voyager en train.
2 Avec cette carte, une nuit dans une auberge de jeunesse coûte moins cher.
3 Avec cette carte, vous pouvez acheter des tickets pour un match de foot.
4 Avec cette carte, vous pouvez prouver que vous êtes étudiant(e).
5 Avec cette carte, vous pouvez payer dans une auberge de jeunesse à l'étranger.
6 Avec cette carte, vous pouvez voyager en avion.
7 Avec cette carte, vous pouvez appeler votre tante en Espagne.
8 Avec cette carte, vous pouvez payer un billet de théâtre.
9 Avec cette carte, vous pouvez appeler vos amis à Paris.
10 Avec cette carte, vous pouvez payer dans un restaurant.

Petit dictionnaire

l'abonnement *masc noun*
subscription

la consommation *noun*
spending; consuming

le droit *noun*
right

facturer quelque chose *verb*
to charge something
à quelqu'un
to someone

parmi *preposition*
among

prouver *verb*
to prove

reconnu *adjective*
recognised

la santé *noun*
health

Accommodation problems

A LE CAMPING

Lisez cette bande dessinée. Récopiez et complétez le texte ci-dessous.
Vous trouverez les mots pour vous aider dans le dessin à côté du texte.

Voici un campeur.
Miam! Miam!
Tiens, il n'a pas de tente.
Fantastique! Le petit déjeuner au lit!
Il dort dans un sac de couchage.

Deux lions étaient .... dans la jungle.
Ils avaient .... Soudain, un lion a
.... un touriste qui faisait du ....,
mais il n'avait pas de .... Le touriste
.... dans un .... de couchage. Les
lions étaient .... Ils voulaient ....
le touriste comme petit ....

Mots: déjeuner, camping, couches, faim, sac, vu, tente, heureux, dormait, manger

B

Vous voulez faire un café dans votre chambre d'hôtel. Regardez les dessins et lisez le mode d'emploi. Écrivez dans le bon ordre les lettres du mode d'emploi.

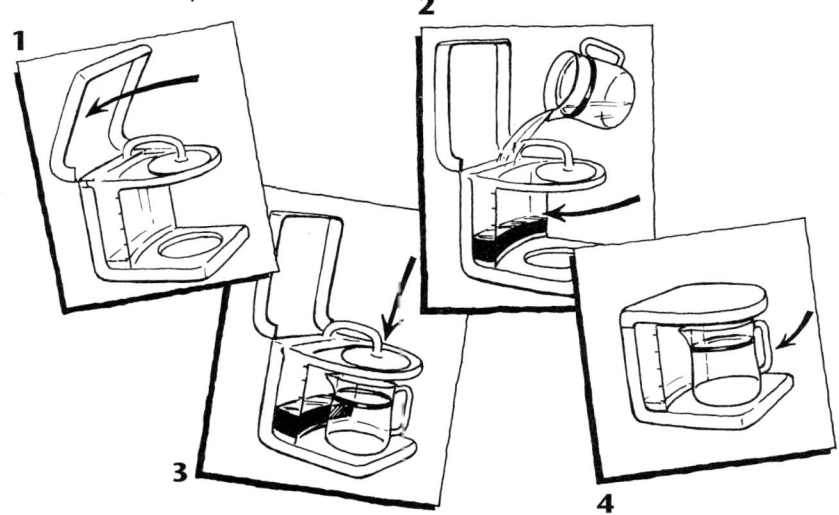

Le mode d'emploi
a Placer le pot vide sur la plaque chauffante.
b Mettre en route à l'aide de l'interrupteur sur la table ou sur l'appareil.
c Ouvrir le couvercle.
d Remplir le réservoir d'eau jusqu'à la graduation correspondant au nombre de tasses souhaitées.

Hotels

BIENVENUE DANS VOTRE CHAMBRE CLIMAT DE FRANCE!

1. Dans le coffre vous trouverez une couverture supplémentaire.
2. Demandez à la Réception l'oreiller et le linge de toilette complémentaire dont vous avez besoin.
3. Pour les nuits fraîches, pensez à allumer votre radiateur: poussez l'interrupteur (afin que le 0 ou le carré rouge apparaisse) réglez le thermostat en fonction de la température désirée.
4. Si vous souhaitez téléphoner à l'extérieur, appuyez sur le bouton transparent (ou faire le 1), attendez la tonalité. Pour demander la Réception, composer le 0.
5. Écoutez la radio en réglant la puissance à l'aide du bouton à gauche.
6. Si vous avez la télévision couleur dans votre chambre: le réglage est déjà fait; choisissez simplement votre chaîne. Merci de penser au repos de vos voisins après 22h.
7. Au fond du couloir, servez-vous gratuitement à "La Tisanière": thé, café, chocolat chaud ou tisanes et biscuits.
8. Savez-vous que votre chien peut partager gratuitement votre chambre?
9. Et n'oubliez pas, si vous quittez provisoirement votre chambre, de fermer votre porte en la tirant ou de fermer votre serrure à double tour. Conservez votre clé si vous pensez rentrer après 22h.
10. AU RESTAURANT
    La Soupière
    Prenez votre petit déjeuner buffet à partir de 7 h. Déjeunez ou dînez de 12 h à 14 h et 19 h 30 à 22 h. Un menu spécial est prévu pour les enfants.
11. Choisissez à la "Boutique" les produits locaux ou régionaux à offrir: et trouvez les objets utiles qui vous manquent: brosse à dents, rasoir . . . . .
12. Pour vous détendre, profitez du coin salon avec téléviseur couleur.
13. Pour vos réunions ou vos séminaires, la Salle de réunion est à votre disposition.

"CLIMAT DE FRANCE" VOUS SOUHAITE UNE TRÈS BONNE NUIT!

A Lisez ce texte et regardez les dessins ci-dessous. Quel dessin va avec chaque paragraphe du texte? Écrivez le numéro du paragraphe et la lettre du dessin qui correspond.

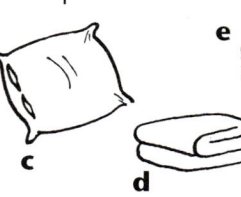

B Imaginez que vous passez la nuit dans cet hôtel et répondez aux questions.

1. Où est-ce que vous trouverez une couverture supplémentaire?
2. Quand est-ce que vous pourriez allumer votre radiateur?
3. Qu'est-ce qu'il faut faire pour appeler la Réception?
4. Qu'est-ce qu'il faut faire pour regarder la télé dans votre chambre?
5. Vous voulez vous servir d'un café. Ça coûte combien?
6. On commence à servir le petit déjeuner à quelle heure?
7. On finit de servir le dîner à quelle heure?
8. Où est-ce que vous pouvez acheter des cadeaux?

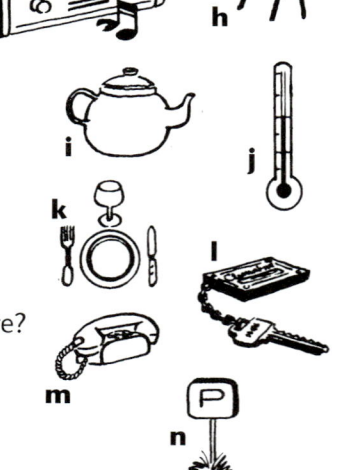

Hotel problems

A Vous passez la nuit dans cet hôtel, mais il y des problèmes. Lisez cette carte et les problèmes ci-dessous. Pour chaque problème, choisissez la boîte qu'il faut cocher. Recopiez les mots à côté de cette boîte.

Exemple
Vous sortez, mais vous ne pouvez pas fermer votre porte à clef.
Clef/serrure/porte.

Malgré le contrôle régulier des chambres, une anomalie a pu nous échapper...

- Éclairage
- Clef/serrure/porte
- Chauffage
- Téléphone
- TV/Radio
- Cafetière
- Literie
- WC
- Robinetterie
- Infrarouge
- Prise éléctrique
- Meubles/Rideaux

Autre _____

CHAMBRE N° _____
DATE _____

MERCI DE VOTRE AIDE
A déposer à la réception

1 Il fait froid dans votre chambre.
2 Vous voulez appeler votre ami, mais il y a des problèmes.
3 Vous voulez regarder un match de foot, mais il y a des problèmes.
4 Vous voulez vous laver les cheveux, mais il n'y a pas d'eau.
5 Vous voulez lire, mais il fait trop noir dans la chambre.
6 Vous voulez vous coucher, mais il n'y a pas d'oreillers.

B Regardez cette blague. Pourquoi est-ce que les touristes n'aiment pas cet hôtel?

Youth hostels

LA VIE EN AUBERGE DE JEUNESSE
AUBERGE DE JEUNESSE
36 rue Porte Gayole
62200 Boulogne/mer

IMPORTANT

1. La vie en Auberge de Jeunesse
Les Auberges de Jeunesse ne sont pas des hôtels moins cher. Ce sont des centres réservés aux filles et garçons. Pour fonctionner, les Auberges de Jeunesse ont mis au point un certain nombre de règles qui doivent être respectées par les groupes et les individuels qui séjournent dans une installation.

2. La responsabilité
Pendant son séjour dans une Auberge de Jeunesse, le groupe reste sous l'entière responsabilité des accompagnateurs (personnel d'encadrement) qui doivent veiller, en permanence, au respect des règlements de la maison. Les dommages *eventuels* causés dans l'auberge pendant la durée du séjour sont, après constat et évaluation des dégâts, immédiatement *payables* au responsable de l'Auberge de Jeunesse.

3. La participation aux services d'entretien
La participation à un ou plusieurs services peut être demandée: desservir, faire la vaisselle, faire son lit et ranger la chambre. Ces services varient d'une installation à l'autre. Dans tous ces cas, le groupe est tenu d'accepter ce qui lui est demandé par le responsable de l'installation.

4. Horaires
L'Auberge de Jeunesse est fermée de 10h à 17h.
L'ouverture de l'Auberge, le matin, est fixée à 7h et la fermeture à 23h.

5. Interdictions
Il est interdit de fumer dans les dortoirs, de consommer de la nourriture dans les dortoirs, de boire de l'alcool en dehors des heures de repas.

6. Draps et sacs de couchage
Les duvets sont interdits dans les Auberges de Jeunesse. Seuls sont acceptés les draps ou sacs de couchage en toile, propres. Les membres d'un groupe qui ne possèdent ni draps, ni sacs de couchage peuvent en louer à l'Auberge. Dans ce cas, il est *souhaitable* de l'indiquer sur le formulaire de demande de réservation, en complétant la rubrique prévue à cet effet.

7. Argent et objets de valeur
Gardez-les sur vous. L'Auberge ne peut être tenue responsable des vols commis dans la maison.

UNDERSTANDING WORDS

éventuel

This is another of those French words which look like English words but which mean something different.
éventuel; the English equivalent is **possible**.

payable
souhaitable

You can easily work out the meaning of the words which end in **–able**. You may not find these words in your dictionary but that's not a problem as the **–able** ending means the same in French and English:
souhaitable = desirable
payable = payable.

Can you work out the English equivalent of these words?
a) mangeable
b) lavable
c) adorable
d) préférable.

a) edible;
b) washable;
c) adorable;
d) preferable.

A Lisez ce texte et les phrases ci-dessous. Recopiez et complétez les phrases en français.

1. Les Auberges de Jeunesse sont comme les hôtels pour les .... (2)
2. Si on casse quelque chose il faut immédiatement la .... (1)
3. Pour aider à l'auberge, les jeunes doivent .... (4)
4. Le soir, l'auberge ferme à .... (1)
5. L'auberge n'est pas ouverte entre .... et .... (2)
6. On ne doit pas .... dans les dortoirs (2)
7. On peut .... des sacs de couchage. (1)
8. Il faut garder .... sur vous. (2)

B The youth hostel has summarised its rules for English visitors, but has made some mistakes. Write a correct version of the rules.

1. All breakages must be paid for before you leave.
2. You may be asked to help with: setting tables, washing bedding, making your bed and cleaning the showers.
3. The Youth Hostel is open from 10 a.m. to 7 p.m.
4. The Youth Hostel opens at 7 a.m. and closes at midnight.
5. You are not allowed to: smoke in the dining area, to bring food into the dormitories, to drink alcohol at any time of day.
6. You must hire sheets and sleeping bags from the Youth Hostel.

The environment

A Lisez cet article et répondez aux questions.

A TES JUMELLES

L'observation des animaux est une activité passionnante. Voici quelques conseils.

- Choisis des vêtements de couleur neutre pour aider à te camoufler.

- Il faut porter des bottes souples ou des chaussures de toile pour pouvoir marcher sans faire de bruit.

- Tu approches? Attention, les animaux ont un odorat très développé. Tu dois avoir le vent contre toi.

UNDERSTANDING WORDS

You can understand many words in these articles if you use some of these rules:

activité, proximité

French noun ends **é**; English noun ends **–y**.

intéressante, passionnante

French word ends **–ant(e)**; English word ends **–ing**.

1. Pour observer des animaux, il est important de porter quelles sortes de vêtements?
2. Pourquoi?
3. Pourquoi est-il important de porter des bottes souples?

B

Silence! On enregistre

Une autre activité intéressante: tu peux enregistrer les cris.
Tu as besoin simplement d'un appareil à cassettes ordinaire et d'un micro.
Il y a deux simples précautions à prendre.

- Choisis un lieu calme—pas d'autoroute à proximité, par exemple.
- Essaie de trouver un animal ou un oiseau qui n'est pas trop entouré par d'autres animaux.

Lisez la continuation de l'article et les phrases ci-dessous. Choisissez les bonnes réponses.

1. Enregistrer les cris des animaux, c'est
   a ennuyeux.
   b beaucoup de travail.
   c difficile.
   d intéressant.

2. Pour enregistrer les cris, il faut
   a
   b
   c
   d

3. Il faut enregistrer les cris dans un lieu qui est
   a tranquille.
   b joli.
   c loin d'une autoroute.
   d près d'une autoroute.
   (2 marks)

4. Il faut trouver un animal qui
   a est avec beaucoup d'autres animaux.
   b est seul.
   c n'est pas timide.
   d est assez grand.

E 85

The environment at risk

LA DISPARITION DES ESPÈCES ANIMALES

L'ACCROISSEMENT DE LA POPULATION

Chaque jour, la pollution augmente sur la Terre. On détruit des forêts, et d'immenses espaces naturels se couvrent d'immeubles et de grands magasins.

CE QUI ARRIVE

Lorsque les hommes s'installent sur des terres nouvelles, les plantes et les animaux qui y vivaient sont alors en danger, et disparaissent peu à peu, parce qu'il n'y a plus assez de place pour eux. On parle d'*extinction* quand tous les représentants d'une espèce sont morts.

CE QUI PEUT ARRIVER

Nous aimons bien les dessins et les histoires sur les dinosaures, qui vivaient sur la Terre des millions d'années avant nous. Ils ont complètement disparu. Cela peut aussi bien arriver pour les éléphants, les zèbres, les poissons rouges... ou d'autres animaux, si nous n'y prenons pas garde.

TA MISSION

Gardons la Terre verte et saine, et peuplée par des millions de merveilleuses créatures!

Peux-tu aider les animaux? Bien sûr! Pour savoir comment, reporte-toi aux chapitres: *Protéger nos océans*, **page 42**, *Protéger les animaux*, **page 60** et *La Terre doit rester Verte*, **page 84**.

13

UNDERSTANDING WORDS

Again, there are several words which you can understand by following these rules, some of which you may have met before:

forêt

add an **s** after the ^.

espace

take off the first **e**.

merveilleuse, merveilleux

replace **–eux/–euse** with **ous**.

défenses

use the context to work out what this word must mean. (Clue: How do elephants defend themselves?) People kill elephants to take the ivory from their ....?

A Read this text and answer the questions in English.

1. What problem is increasing every day on earth? (1)
2. What is being destroyed? (1)
3. How is open countryside being destroyed? (2)
4. What happens when we build on new land? (1)
5. Why? (1)
6. What does the article say about dinosaurs? (2)
7. According to the article, which animals are in danger? (3)
8. Why should the reader turn to pages 42, 60 and 84? (1)

B Lisez ces questions et choisissez les bonnes réponses. Les réponses ne sont pas dans le texte. C'est à vous!

1. Des fleurs bleues vont attirer quoi dans ton jardin?
   a) Des créatures de l'espace b) Des papillons c) Des chevaux.
2. Qu'est-ce qu'on trouve le plus sur la Terre?
   a) Des hommes b) Des fourmis c) Des chiens.
3. Pourquoi la moitié des éléphants d'Afrique ont-ils disparu en dix ans?
   a) Ils sont morts de vieillesse b) Ils ont émigré vers des pays plus chauds
   c) On les a massacrés pour prendre l'ivoire de leurs défenses.
4. Les zoos existaient-ils déjà
   a) Dans la Chine ancienne b) Chez les Incas c) Dans la Rome antique.
5. Combien de chiens et de chats y a-t-il en France?
   a) 1 million b) Plus de 10 millions c) Plus de 50 millions.

SECTION E Now test yourself!

TIPS FOR EXAM SUCCESS

Remember to:
- use all the techniques you have learnt to understand words.
- read the question and then the text.
- make your French answers as short as possible.

1

> En cas d'incendie, rassemblez-vous au fond du couloir à droite où se trouve la sortie de secours.

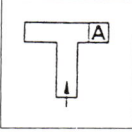

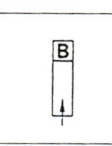

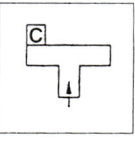

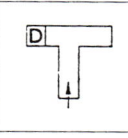

You are staying in a hotel and see this sign.
Where is the emergency exit? Write **A**, **B**, **C** or **D**. **(1 mark)**

Midland Examining Group, Reading, Foundation Tier

2

Somebody has left a French magazine on a table by the pool. You read this interview with Catherine Destivelle, a famous French climber.

- **Vos vacances idéales . . . ?**
  De la mer, de la montagne et des activités de sport
- **La personne que vous admirez le plus aujourd'hui . . . ?**
  Tintin
- **Votre musique préférée . . . ?**
  Celle de Mozart
- **Votre sport préféré . . . ?**
  L'alpinisme!
- **L'autre métier que vous aimeriez faire . . . ?**
  Architecte

Write the letters of the five things she was asked about.

a) Ideal holidays.
b) The person you most admire.
c) Hobbies.
d) Favourite music.
e) Favourite sport.
f) Favourite food.
g) Another job you'd like to do.   **(5 marks)**

Scottish Certificate of Education, Reading, Foundation Level

Exam questions

3

In a French holiday camp an English friend asks you to explain this notice about activities which you can sign up for.

ACTIVITÉS

ÉQUITATION	RANDONNÉE EN FORÊT	SKI NAUTIQUE	PLANCHE À VOILE	*CANOË
Amélie Chantal Pierre	Jean-Luc Paul Marianne	Sandrine	Thierry Madeleine Magali Alain Bruno	Georges Françoise

* Pour le canoë – cinq personnes maximum

ACTIVITÉS DU SOIR
mardi – tournoi de tennis de table
jeudi – chasse au trésor
vendredi – Boum!

a) Which seems to be the most popular activity so far? **(1)**
b) What is your friend Amélie going to do? **(1)**
c) What does the sentence marked * tell you? **(1)**
d) What evening activity is there on Thursday? **(1)**

(4 marks)

London Examinations (ULEAC), Reading, Foundation Tier

4 Les Gîtes de France

Les gîtes d'enfants	Les Gîtes d'Enfants accueillent des enfants à la campagne pendant les vacances scolaires avec un programme d'activité.
Les chambres d'hôtes	Les Chambres d'Hôtes proposent une chambre, le petit déjeuner et la possibilité de partager le repas du soir avec ses hôtes.
Les gîtes d'étape	Les Gîtes d'Étape permettent à des groupes de faire une halte sur un itinéraire de randonnée.
Les gîtes ruraux	Les Gîtes Ruraux invitent à un séjour dans le calme campagnard d'une demeure limousine.
Les campings à la ferme	Les Campings à la Ferme permettent d'installer sa tente à proximité d'une ferme en bénéficiant d'une installation sanitaire avec douches et toilettes.

Lisez la brochure "Gîtes de France" et les phrases ci-dessous. Pour chaque phrase, écrivez VRAI ou FAUX.

Exemple Les Gîtes d'Enfants sont pour les adultes. FAUX

(i) Les Gîtes d'Enfants sont en ville.
(ii) Dans les Chambres d'Hôtes, on peut manger le soir.
(iii) Dans les Gîtes d'Étapes, on peut loger en groupe.
(iv) Dans les Campings à la Ferme, il n'y a pas de WC.

(4 marks)

Welsh Joint Education Committee, Reading and Responding, Foundation Tier

5

Voici des notes sur un hôtel à Deauville, en France.
Lisez bien les notes, puis répondez aux questions EN FRANÇAIS.

HÔTEL CONTINENTAL, DEAUVILLE

Situation: L'hôtel se trouve à cinq cents mètres du centre-ville et à cent mètres seulement de la plage.

Dates d'ouverture: L'hôtel est ouvert entre février et décembre.

Chambres: Il y a 48 chambres, toutes avec douche, dont 38 sont des chambres à deux personnes et les autres sont à une personne seulement.

Repas: On sert le petit déjeuner seulement à l'hôtel. On recommande aux clients de prendre le déjeuner et le dîner au restaurant "Chez Pierre" en face de l'hôtel.

Installation: Télévision et téléphone dans toutes les chambres; piscine privée; ascenseur; parking réservé à la clientèle.

Prix: En haute saison (juin, juillet et août), de 300 à 400 francs par chambre.

Aux autres mois, de 250 à 350 francs par chambre.

---

a) La plage est à quelle distance de l'hôtel? (1)

b) En quel mois l'hôtel est-il fermé? (1)

c) Il y a combien de chambres à une personne seulement à l'hôtel? (1)

d) Quel repas est-ce qu'on peut prendre à l'hôtel? (1)

e) Qu'est-ce qu'il y a pour les personnes sportives à l'hôtel? (1)

f) Au mois de mars, quel est le prix maximum d'une chambre? (1)

(6 marks)

Midland Examining Group, Reading, Foundation Tier

6

Écrivez le nom de la personne ou des personnes pour qui ces phrases sont vraies.

Exemple
J'ai passé mes vacances à Paris.
Delphine.

Delphine

Pendant les grandes vacances je suis allée tout le mois de juillet à Paris chez des amis sans ma famille. Là-bas, j'ai beaucoup visité (ennuyant). Je me suis baignée dans des étangs amménagés et bronzée.

J'ai fait connaissance avec des Tchèques super sympa et ils m'ont invité à aller chez eux. J'ai aussi mangé beaucoup de glaces et bu des litres de coca et Canada Dry.

Enfin c'était super et je n'avais aucune envie de rentrer chez moi.

Muriel

Aux dernières vacances d'été, je suis allée à Dinard parceque j'ai un appartement (mes parents ont un appartement!) dans cette ville. C'est aussi en France, près de Rennes (1h00 de trajet). Il y a la plage, la mer. Je fais du cheval au centre équestre de Dinard (c'est un très beau centre équestre et un célèbre centre équestre). J'ai beaucoup d'amies à Dinard et tous les jours on est ensemble et l'on rit bien.

Cette année il a fait très beau et très chaud et c'était agréable de se baigner dans la mer fraîche mais désagréable et fatiguant de monter à cheval... Mais comme j'adore, les chevaux!

Virginie

Pendant les grandes vacances, je suis allée chez ma grand-mère à Saint-Malo et dans le Sud de la France pendant une semaine. Il faisait très chaud et nous faisions de la natation et du bateau. A Saint-Malo je faisais du cheval et j'allais à la plage car ma grand-mère n'habite pas loin de la mer. Dans le Sud de la France, j'allais me promener avec ma famille à la campagne. Ce fut de très belles vacances.

1) J'ai passé des vacances au bord de la mer.
2) J'ai fait de la natation.
3) J'ai rencontré des gens nouveaux.
4) J'étais avec ma famille.
5) J'ai tout aimé.
6) J'ai fait de l'équitation.
7) J'ai vu mes amis tous les jours.
8) Il a fait beau.

Northern Examination and Assessment Board, Reading, Foundation Tier

ANSWERS

Page 5

1. a) a white man
   b) white
   c) injured
   d) a strange bruise
   e) jars.
2. a) blanche
   b) bleue
   c) blaireaux
   d) bocaux.
3. a) an overall
   b) well
   c) to be stuck
   d) a very rare steak
   e) to joke.

SECTION A

Page 6
What's on the menu

1. Meal and a drink
2. a) chicken chips – 75F;
   b) sausage and chips – 40F;
   c) salad – 53F;
   d) snails – 98F;
   e) steak and chips – 65F.
3. a) œuf; fromage; œuf/fromage
   b) saumon fumé/fromage; thon/fromage
   c) jambon; jambon/fromage; oeuf/fromage/jambon; poulet/fromage

Page 7
Recommended restaurants

A 1 a crêpes; glaces
     b ascenseur
   2 b
B midnight

Page 8
Recipe for success

A 1d; 2g; 3b; 4e; 5a; 6f; 7c
B farine; beurre; œufs; sucre en poudre; pommes; (abricots; fraises; framboises; myrtilles)

Page 9
Food for thought

We spend 13 to 17 years of our lives eating; we sit in front of a plate of food 75,000 to 100,000 times.

What an appetite

b 198
c 198
d 516
e 2
f 17
g 1,706
h 2
i 1
j 891
k 711
l 1

Page 10
Eating out

1. Le George, L'Éguade, Aquar'aile.
2. Aquar'aile, Terminale Transmanche.
3. Aquar'aile.
4. Le George – il y a un menu à 69F, prix fixe.
5. Terminal Transmanche.

Page 11
Notice board

1 c
2 b
3 d
4 g
5 a
6 e
7 f

Puzzle break
Frites.

Pages 12/13
School life

A Chez les Grecs
  1 sept
  2 esclave
  3 lanterne
  4 important
  5 tablette
  6 livres.
Chez les Romains
  1 plein air
  2 le matin
  3 grec, latin.
À la Révolution
  1 trois cents
  2 écrire
  3 maths
  4 sable.
B crowded (full); three hundred; master; reading; writing; art; sand; trace; hand.
C In Ancient Greece, children started school when they were <u>seven</u>, but only privileged children went to school. Each scholar went to school with a <u>slave</u> who was called a pedagog (in Greek: someone who leads a child): it was he who carried the child's <u>things for school</u> and a <u>lantern</u> to light up the road. He had a very important rôle: he taught the child whom he accompanied <u>good manners</u>, lots of things about life and he protected him from <u>the dangers of the road</u>.

Pages 14/15
Home life

A 1 calme
  2 moins de pollution
  3 transport
  4 problèmes de violence et d'insécurité.
B 1 59%
  2 34%
  3 18%
  4 44%
  5 32%
  6 27%
  7 14%
  8 7%

Houses for sale
farmhouse; renovated; kitchen; bedrooms; bathrooms; games room; double garage; trees.

Pages 16/17
A day in the life . . .

A 1 vrai
  2 faux
  3 faux
  4 on ne sait pas.
B 1 Il dîne vers 21 heures.
  2 Il dort de 16 heures à 19 heures 30.
  3 Il quitte les studios à midi et demi.
C b; c

Lunchtime
He could get meals to take away.

Page 18
Summer solutions

A You should: drink frequently; drink a glass of water in the morning when you wake up; drink before you go to bed; drink lots of water after doing sport.
B 1 . . . drink every half hour
  2 . . . the hottest hours of the day, between midday and two o'clock.
  3 . . . your dog in the car

Page 19
Healthy advice

Liste A a; c; f; h
Liste B b; d; e; g; i

Humour test
Moi, ça va bien mieux depuis que je prends de l'exercice, et toi?

Exam questions
Page 20

1 ham; salami; cheese
2 mushrooms; biscuits; apples; apricots; chocolates; cheese
3 Don't stay out in the sun too long; protect your skin; protect your eyes; protect your head.

Answers 91

Page 21
4 b; d; e
5 Français, Anglais, Sciences, Maths, Maths, Dessin, Dessin

Page 22
6 a À six heures
  b en bus
  c 1 heure
  d les devoirs/ le travail
  e mercredi après-midi
  f Elle est si détendue après le sport/ça lui ferait tellement de bien.
7 Il faut acheter votre billet.

Page 23
8 a 25
  b 33–38
  c 12
  d 14
  e 20–24

SECTION B
Pages 24/25
Relaxing
A a Luc; Julie;
  b Nicole;
  c Michel
  d Julie; Léa
  e Anne
  f Jean-Paul; Julie
B 1 faux
  2 faux
  3 faux
  4 on ne sait pas
  5 vrai
  6 vrai
  7 vrai
  8 faux
  9 on ne sait pas
  10 vrai

Sign language
It is a sign about a beach. Paris is not on the coast.

Page 26
Free time
A d
B 1 lundi
  2 10 heures
  3 17H 40.
C nager

Page 27
Child's play
A 1 It is for children between 7 and 11.
  2 If it rains the children can wait in a room.
  3 It is open every day except Monday.
  4 It is open from 2 p.m. until 7 p.m. on Wednesdays and Sundays.
  5 It opens at 10 a.m. in school holidays.
  6 An entry ticket costs 2,20 F.
B 1 À 10 heures.
  2 À 18 heures.
  3 2,20 francs.
C 1 b
  2 a

Pages 28/29
Penpals
A 1 Helena Ribeiro
  2 Amis Braiki
  3 Omoghé Senghor
  4 Amis Braiki
  5 Helena Ribeiro
  6 Mike van der Maden
B 1 b
  2 c
  3 e
  4 a
C 1 la Suisse
  2 16 ans
  3 le théâtre, l'équitation et sortir
  4 les Guns et Kurt
  5 Tunis
  6 des garçons et des filles
  7 le basket, la danse et la natation
  8 une photo.

Pages 30/31
Pass it on
1 c
2 h
3 e
4 a
5 g
6 d

Pages 32/33
RSVP
A 1 c
  2 d
  3 a
  4 b
  5 b
B 1 Claudette is going to the party.
  2 shopping and going to a café.
  3 bring CDs.
  4 bread.
  5 by car with Julie's mother.
C 1 avant
  2 café
  3 Anne
  4 fromage
  5 la mère.

Present problems
(carnivorous) insect-eating plants.

Page 34
Puzzle break
3; 5

Sign language
You can sell your books here.

Page 35
Television trouble
A c; d; a; b
B 1 c
  2 a
  3 d
C Mais, Madame, c'est un ballon de rugby!

Page 36
Cinema review
Paris; to be; released; a cosmonaut; leave; cashier; supermarket; meets Ali; love; hopes.

Page 37
Book review
1 images
2 facile
3 enfant
4 musées
5 jouer
6 basket
7 ami
8 ennuyeux

Exam questions
Page 38
1 a Bring some CDs
  b She was going to bring the glasses.
  c Could Sylvie's mother lend them some glasses?
  d Take Suzy home in the car after the party.
2 1 a
  2 c
  3 d
  4 c
  5 d

Page 40
3 1 22 juin
  2 le Nord, le Sud
  3 esclaves noirs
  4 10; école
  5 mère; deux vieilles dames
  6 cruel
  7 un esclave noir; plantation
  8 Mark Twain.

Page 41
4 He can sell his records and videos here.
5 It is a meeting point.

Page 42
6 a Florence
  b Michaela-Christina
  c Myriam
  d Edwige
  e Benedetta
  f Sylvia
  g Maud
  h Eudes-Aristide
  i Pascal

SECTION C
Page 43
Photo story
1 There is a sale.
2 a The shop will be closed from Saturday, February 8th to Sunday, February 16th.
  b It gives names of other bakers open in area.
3 Ready-made meals.
4 It asks you not to leave your luggage unattended.

Pages 44/45
Jewellery theft
A 4; 2; 6; 5; 1; 3
B 1 poli
  2 bijouterie
  3 téléphoné
  4 seize
  5 achats
  6 bureau
  7 revolver
  8 complice
  9 bijoux.
  10 millions.

Humour test
Le temps qu'on retrouve la voiture, le poisson ne va plus être frais . . !

Page 46
Are you a fashion victim?
A 1 Anne
2 Jean-Christophe
3 Emmanuelle

B 1 Anne n'aime pas suivre la mode.
2 La mère d'Emmanuelle n'est plus contre les vêtements à la mode.
3 Raphaël n'achète que les vêtements qu'il aime.
4 Paul te conseille d'inviter chez toi un ami qui porte une boucle d'oreille.
5 Jean-Christophe te conseille de choisir le bon moment pour parler à tes parents.

Page 47
Shopping
A 1 a
2 c
3 f
4 d

B 1 Billets
2 Objets trouvés
3 Buffet Paris St. Lazare
4 Informations et horaires

Page 48
Visiting Paris
The missing words are: freedom; unlimited number of trips; only one; go where you want; open; ask for; stay; consecutive days; valid for one day; your pass; choose the pass; nearby suburbs; allow you; freely; 1 to 5 zone pass; airports, visit; get to the Disneyland park.

Page 49
Transport trivia
1 Vrai
2 Faux: Le métro de Londres est le plus long du monde. (Paris – 192 km/ Londres – 418 km)
3 Faux: Il atteint une vitesse de 2 333 km/heure.
4 Faux: New York a le plus grand nombre de taxis du monde (environ 13 000 taxis).
5 Vrai: l'événement a eu lieu en septembre 1986, lors d'une fête nautique, sur l'étang de Blisière, en Loire-Atlantique. Une carrosserie de 2 CV fixée sur un petit avion a permis cet exploit: un vol de quelques centaines de mètres à quelques mètres d'altitude.
6 Faux: seulement 400 millions!
7 Vrai.
8 Vrai.

Page 50
Lost property
A b

B Date de la perte: le 20 juin
Heure de la perte: 10h30
Qu'avez-vous perdu? Un sac
Forme/couleur: rectangulaire, noir
Contenu: livres, pull, passeport, sandwichs, coca.
Autres détails caractéristiques: vieux
Valeur de l'objet: 660 F.

Page 51
On the road
a hitch-hike on motorways.
b overtake a cyclist
c use your horn at night.
d sit in the back of the car.

Highway code
1 e
2 h
3 g
4 b
5 a
6 d

Page 52
Learner drivers
a

Travel
Le vélo électrique – b;
Du vélo sous l'eau – c;
Vélo en commun – a

Page 53
Which way now?
B plage (g); la boulangerie (f); l'épicerie (h); l'église (i); marché (j); la pharmacie (e); la boulangerie (f); la poste (b); la pharmacie (e); la boucherie (a); la maison (c); la boulangerie (f)

Shopping
a; c; d

Pages 54/55
Festivities
1 a
2 b
3 d
4 c
5 b
6 a
7 a; b; e; f;

Christmas time
A 1 Denis.
2 Le Père Noël
3 Décembre
4 Une montre

B 1 b; c; f
2 a

Pages 56/57
The local environment
A According to the article, there are many <u>large, sad and ugly</u> blocks of flats in the dormitory towns of Paris.
The people who live there are <u>young and often foreign</u>. Many of them are <u>unemployed</u>. For example, there are 12,600 people living in la Courneuve. 30% of these people are <u>younger than 20</u> and 20% are immigrants. People who live there go home, in the evening, <u>to sleep</u>. They leave again for work the next morning. What do the young people do? <u>They are bored</u>. There is <u>nothing to do in these dead towns</u>. Sometimes, however, they do stupid things, they <u>steal</u> and they break things. The State and the region of Île de France have decided to <u>bring some happiness</u> to these dormitory towns.

B new flats; play areas; sports areas; clubs for theatre, music, computers; murals; festivals; musical groups can practise, places for the young to learn a trade.

C 1 d
2 a; d
3 a; d

Page 58
Towns
1 d
2 k
3 l
4 a
5 h
6 j
7 e
8 b
9 f
10 c
11 i
12 g

Page 59
Weather
A a 4
b 6
c 2
d 1

Exam questions
Page 60
b 2
c 1
d RC
e S
f 2.

Page 61
2 beurre; fromage; lait; crème

Answers   93

3 a 10F
  b 60F
  c 80F
4 a

Page 62
5 a 31 décembre
  b 250F
  c Hubert Wing
  d tomate, haricots verts, pommes frites.
  e à minuit.
6 a patinoire olympique; piscine chauffée.
  b (i) parking gratuit (ii) bibliothèque.

Page 63
7 To make your ticket valid put it in the machine.
8 a D
  b E
  c A
  d G
  e B
  f H
  g K

SECTION D
Page 64
Advertising
He wanted to practise golf and listen to music at the same time.

Take note
A Not to take photos with a flash.
B a

Page 65
Disneyland publicity
fairy tales (stories); welcomed; invited; enchanted tea party (Mad Hatter's tea party); leads; inhabited; dolls; "Pirates of the Caribbean"; dangerous; adventures; journeys; curiosity; a surprise

Page 67
Advertising
A 1 I like Macdonald's cheeseburgers. I like buying and drinking Pepsi.
  2 Read them aloud.
  3 What does "buy" mean?
  4 Volume.
  5 A video shows that the volume of pizza "X" is greater than that of all its competitors and it costs less.
  6 Toys
  7 American.
  8 Their sales rose by 65%.
  9 The sales rose by 80%.
  10 Young people under 16.
  11 Computer equipment, video recorders, TVs.
  12 It has to show adverts each day in class.
C There is a delivery service and the shop is open on Sundays.

Page 68
Careers advice
A Auxiliare de jardins d'enfants – b; Infirmière – f; Hôtesse de l'air – h; Éducatrice sportive – i; Dactylo standardiste – a; Fleuriste – d.
B 1 Hôtesse de l'air.
  2 Éducatrice sportive.
  3 Dactylo standardiste.
  4 Fleuriste.
  5 No ideal job
  6 Auxiliare de jardins d'enfants.
  7 Infirmière.
  8 No ideal job

Page 69
A new job
1 c
2 c
3 a
4 c
5 a
6 c
7 b

Pages 70/71
Careers
B 7 à 10 points:
  1 vrai
  2 vrai
  3 faux
  4 faux
  5 vrai
  6 on ne sait pas
  7 vrai
  8 vrai
11 à 16 points:
  1 vrai
  2 faux
  3 faux
  4 vrai
  5 vrai
  6 on ne sait pas
  7 vrai
17 à 21 points:
  1 faux
  2 faux
  3 on ne sait pas
  4 on ne sait pas
  5 vrai
C 1 Anne has the qualities needed to become a star. She loves the attention of others. She has a strong and original personality. She is the centre of attention. She loves being admired. She is energetic and brave, she is not afraid of hard work if success is the result.
  2 John is attracted by the bright lights, the luxury and the easy life, but only in a superficial way. He can't stand criticism. He lacks willpower and perseverance. He must not dream – no-one is going to wave a magic wand and turn him into a star. If he wants to succeed he will have make some effort.
  3 Becky is not suited to being a star. She wouldn't be brave enough to face the crowds. She doesn't like competition. She wants romance and a loving relationship. She couldn't stand the scandal if she were to read in the newspapers that her boyfriend was going out with someone else. She prefers to read about stars in magazines and admire them from afar.

Page 72
Useful numbers
A 1 47 63 74 21
  2 45 83 56 41
  3 42 24 10 49
  4 48 90 71 36
  5 43 23 64 98
B 1 vrai
  2 vrai
  3 faux
  4 vrai
  5 on ne sait pas
C a; c; d

Exam questions
Page 73
1 a Marc
  b Aline
  c Olivier
  d Christine
2 le facteur apporte des lettres aux maisons; l'informaticien travaille à l'ordinateur; le pharmacien vend des médicaments; l'épicier vend des provisions.

Page 74
3 b 13
  c 18
  d 11
  e 19.33.12 + indicatif du pays
  f 12; 19.33.12 + indicatif du pays
  g 17
4 1 b
  2 e
  3 c
  4 a

Page 75
5 Nom: Bernard; Prénom(s): Anne; Âge: 16 ans et demi; Adresse: 18 rue de la Gare, Toulouse; Nationalité: française; Langues parlées: anglais, italien; Passe-temps: la lecture, la natation, la danse et les promenades; Expérience professionelle: travail dans un café.

Page 76
6 B 2
  C 4; 5; 8
  D 7; 2

E 1; 6; 8
F 10
G 3
H 9
7 Qualified sales person

SECTION E

Page 77
Holiday greetings
A 1 f; 2 b; 3 c; 4 a
B 1 En Grèce.
  2 Il fait très chaud.
  3 C'était très intéressant.
  4 Sur une place près de la plage.
  5 Il se bronze.
  6 Il va au restaurant et en disco.
  7 En car.
  8 Non. Elle s'ennuie et il ne fait pas beau.
  9 En montagne.
  10 Elle a beaucoup de nouveaux amis.

Page 78
A year out
a They are going on a trip around the world.
b He likes to travel/ to see how other people in the world live/ it's good for learning languages.

Tourism
1 Hand in the leaflet at one of the ticket offices.
2 5 F.
3 Full adult ticket.

Page 79
Holidays
a 88%
b 11%
c 21%
d 12%
e 36%
f 2%

Camping
1 b (700 metres away)
2 d
3 b
4 a

Page 80
Concessions
A 1 Carte Jeunes
  2 Carte internationale des Auberges de jeunesse
  3 Carte Jeunes
  4 Carte Internationale Student Identity Card (ISIC)
  5 Carte internationale des Auberges de jeunesse
  6 Carte Jeunes
  7 Carte France Télécom Jeunes
  8 Carte Jeunes
  9 Carte France Télécom Jeunes
  10 Carte Jeunes

Page 81
Accommodation problems
A couchés; faim; vu; camping; tente; dormait; sac; heureux; manger; déjeuner
B c; d; a; b

Page 82
Hotels
A 1 d
  2 c
  3 j
  4 m
  5 g
  6 b
  7 i
  8 a
  9 l
  10 k
  11 e
  12 f
  13 h
B 1 Dans le coffre.
  2 Quand il fait froid.
  3 Composer le 0.
  4 Choisir la chaîne.
  5 Rien.
  6 7 h.
  7 22 h.
  8 Dans la "Boutique".

Page 83
Hotel problems
A 1 Chauffage.
  2 Téléphone.
  3 TV/Radio.
  4 Robinetterie.
  5 Éclairage.
  6 Literie.
B Parce qu'il est très loin de la plage.

Page 84
Youth hostels
A 1 filles et des garçons.
  2 payer
  3 désservir, faire la vaisselle, faire son lit et ranger la chambre.
  4 23 h.
  5 10h et 17 h.
  6 fumer, consommer de la nourriture.
  7 louer.
  8 l'argent et les objets de valeur.
B 1 All breakages must be paid for <u>immediately</u>.
  2 You may be asked to help with: <u>clearing tables</u>, <u>washing up</u>, making your bed, <u>tidying your room</u>.
  3 The youth hostel is <u>closed</u> from 10 a.m. to <u>5 p.m.</u>
  4 The youth hostel opens at 7 a.m. and closes at <u>11 p.m.</u>
  5 You are not allowed to smoke <u>in the dormitories</u>, <u>eat</u> food in the dormitories, to drink alcohol <u>outside meal times</u>.
  6 You <u>can</u> hire sheets and sleeping bags from the youth hostel.

Page 85
The environment
A 1 Des vêtements de couleur neutre.
  2 Pour te camoufler.
  3 Pour marcher sans faire de bruit.
B 1 d
  2 d
  3 a; c
  4 b

Page 86
The environment at risk
A 1 pollution.
  2 forests.
  3 People are building blocks of flats and large shops.
  4 The plants and animals living there gradually disappear.
  5 Because there is not enough room for them/ they are in danger.
  6 We like stories about dinosaurs. They have completely disappeared.
  7 Elephants, zebra, goldfish.
  8 To find out how to help animals.
B 1 b (Tu peux procurer un abri aux animaux avec une plante appropriée.)
  2 b (Il y a deux fois plus de fourmis que d'hommes et de chiens réunis.)
  3 c (Triste, mais vrai!)
  4 a, b et c (Le premier zoo était en Mésopotamie, 2000 ans avant J.–C.).
  5 b (Un peu plus de 16 millions. 2 animaux pour 7 Français.)

Exam questions

Page 87
1 A
2 a; b; d; e; g

Page 88
3 **a** Wind-surfing
  b Horse-riding
  c For canoeing – maximum of 5 people.
  d Treasure hunt.
4 (i) faux
  (ii) vrai
  (iii) vrai
  (iv) faux

Page 89
5 **a** Cent (100) mètres.
  b En janvier.
  c 10.
  d Le petit déjeuner.
  e Une piscine.
  f 350 F.

Page 90
1 Virginie; Muriel
2 Virginie; Muriel; Delphine.
3 Delphine
4 Virginie; Muriel
5 Virginie; Delphine
6 Virginie; Muriel
7 Muriel
8 Virginie; Muriel.

Answers

GLOSSARY OF INSTRUCTIONS

En **anglais**.
Écrivez la lettre **appropriée**.
Regardez cette **blague**.
Écrivez le numéro du **bon** dessin.
Pour **chaque** question, ...
Écrivez trois **choses**
Répondez aux questions **ci-dessous**.
Choisissez les bonnes réponses.
Choisissez la boîte qu'il faut **cocher**.
Complétez les phrases.
Corrigez les phrases fausses.
Écrivez la (les) lettre(s) des bons **dessins**.
Écrivez le bon prix pour chaque dessin.
Faites un dessin.
Faux.
En **français**.
Utilisez les numéros **une fois** seulement.
Écrivez les lettres des bonnes **images**.
Complétez-**les**.
Écrivez la bonne **lettre**.
Lisez.
Quels **mots** vont avec quel dessin?
Écrivez le **nom** de la personne qui . . . .
Écrivez le(s) **numéro(s)** des bons dessins.
Notez la page.
Écrivez les lettres dans le bon **ordre**.
C'est quel **panneau**?
C'est **qui**?
Recopiez la bonne phrase.
Regardez les dessins.
Répondez aux questions.
Quelle question va avec quelle **réponse**?
On ne **sait** pas.
Recopiez le **titre**.
Vous **trouverez** les mots pour vous aider.
Quel dessin **va** avec quelle phrase?
Qu'est-ce que cela **veut** dire?
Vrai
Utilisez les mots dans la case.

In **English**.
Write the **appropriate** letter.
Look at this **joke**.
Write the letter of the **correct** drawing.
For **each** question . . . .
Write three **things** . . . .
Answer the questions **below**.
Choose the correct answers.
Choose the box which you must **tick**.
Complete the sentences.
Correct the incorrect sentences.
Write the letter(s) of the correct **drawings**.
Write the correct price for each drawing.
Do a drawing.
Wrong.
In **French**.
Use the numbers only **once**.
Write the letters of the correct **pictures**.
Complete **them**.
Write the correct **letter**.
Read.
Which **words** go with which drawing?
Write the **name** of the person who . . . .
Write the **number(s)** of the correct drawings.
Write the page.
Write the letters in the correct **order**.
Which **sign** is it?
Who is it?
Copy the correct sentence.
Look at the drawings.
Answer the questions.
Which question goes with which **answer**?
We don't **know**.
Copy the **title**.
You **will find** the words to help you.
Which drawing **goes** with which sentence?
What does that **mean**?
True.
Use the words in the box.